新媒体营销策略与实战

曲亚琳　娄本宁　著

吉林科学技术出版社

图书在版编目(CIP)数据

新媒体营销策略与实战 / 曲亚琳, 娄本宁著. --长
春: 吉林科学技术出版社, 2021.11
ISBN 978-7-5578-8983-8

Ⅰ.①新… Ⅱ.①曲… ②娄… Ⅲ.①网络营销-营
销策略-中国 Ⅳ.①F724.6

中国版本图书馆 CIP 数据核字(2021)第 234876 号

XINMEITI YINGXIAO CELVE YU SHIZHAN
新媒体营销策略与实战

著	曲亚琳　娄本宁
出 版 人	宛　霞
责任编辑	李玉玲
封面设计	马静静
制　　版	北京亚吉飞数码科技有限公司
幅面尺寸	170 mm×240 mm
开　　本	710 mm×1000 mm　1/16
字　　数	214 千字
印　　张	13.5
印　　数	1—5 000 册
版　　次	2022 年 3 月第 1 版
印　　次	2022 年 3 月第 1 次印刷

出　　版	吉林科学技术出版社
发　　行	吉林科学技术出版社
地　　址	长春市南关区福祉大路 5788 号龙腾国际大厦
邮　　编	130118
发行部传真/电话	0431－85635176　85651759　85635177
	85651628　85652585
储运部电话	0431－86059116
编辑部电话	0431－81629516
网　　址	www.jlsycbs.net
印　　刷	北京亚吉飞数码科技有限公司

书　　号	ISBN 978-7-5578-8983-8
定　　价	80.00 元

前　言

  每天刚一睁开眼,广播、电视、手机播报、微信信息……各种各样的资讯信息已通过各种方式传入我们的眼中、耳中,人们以这样的方式开启了一天的生活。在办公室、在车上、在餐厅……网络媒体与我们如影随形,成为我们的一部分。通过网络,远在世界各个角落的人们之间产生了无法言喻的关联;通过新媒体,芝麻绿豆大小的事情都为众人所知。世界成了一个可大可小的世界。为什么会这样呢?这都得益于互联网、数字技术和移动通信的发展。新技术的发展,不仅影响了人们的生活方式、改变了人们的生活状态,而且深刻地影响了市场格局和产业形态的变化。伴随着新兴技术的发展,人们接触的信息越来越多、越来越庞杂,同时,人们接收信息的方式也越来越新潮,越来越多样化。信息的载体,即媒体也发生了翻天覆地的变化——新媒体出现并被广泛应用。

  在这样一个快速发展的时代,面对这样一个新兴领域——新媒体,我们如何更好地理解新媒体?如何更好地探索新媒体营销?如何更好地将新媒体及新媒体营销策略运用到日常生活或企业发展中去,更好地改善人们的生活,促进企业向更好的方向发展,获取更大利润?这些都是我们需要深入学习、研究和探索的。基于此,笔者撰写了本书。

  本书共分为六章。第一章总述新媒体的发展与运营,以及新媒体营销策略,利于相关人员从总体上了解新媒体和新媒体营销。第二章至第六章则分别阐述新媒体营销各模式的相关内容。第二章从团队建设、内容经营、营销能力等方面深入阐述了微营销的相关知识;第三章主要探讨了搜索引擎营销策略;第四章重点研究了当下热门化的直播营销,从如何搭建直播平台,到直播主持人应具备哪些素养,再到直播营销有哪些技能、有哪些新的直播营销打法,全面地、详尽地分析了直播营销;第五章主要介绍软文营销,什么是软文营销、软文营销的基本框架是什么样的、如何打造爆款文章及如何推广软文……在这一章里都有详细讲解;第六章阐述了整合营销的相关内容,包括整合营销的发展、基础、方法即战略规划等。可以说,第二章至第六章将新媒体营销典型的营销模式都做了深入探讨和详尽分析,同时在每一章后还配备了一个实战案例。

总之,本书理论与实践相结合,全面、深入地针对当前最热门的话题进行了分析,不仅为相关人员提供了理论指导和参考,而且通过实战案例加强了他们对新媒体营销理论的理解,从而更好地指导实践并运用到实践中去。

全书由曲亚琳、娄本宁撰写,具体分工如下:

第一章第一节、第三章至第六章,共 15.2 万字:曲亚琳(郑州经贸学院);

第一章第二节、第二章,共 5.3 万字:娄本宁(河南建筑职业技术学院)。

本书在撰写过程中参考并借鉴了很多专家学者的研究成果和观点,在此对相关作者表示最诚挚的谢意!另外,由于时间和精力有限,书中难免存在不足和疏漏之处,敬请广大学者和读者批评指正。

作　者
2021 年 6 月

目　录

第一章　新媒体营销概述

伴随着近些年互联网的不断发展,网络已经逐渐融入并渗透到人类社会的方方面面。社会各行各业与互联网密切结合并深度延伸,诸如微博、微信等新媒体形式应时而生。新媒体的出现和应用让人们拥有了更真实的话语权和媒体接近权,引领着社会向全新的阶段进一步发展。

第一节　新媒体概述

一、新媒体的含义

新媒体率先由美国哥伦比亚广播电视网技术研究所所长戈尔德马克于 1967 年提出。新媒体是一个相对的概念,其随着媒体的发生和发展而不断变化。

对于新媒体的含义,目前为止没有一个明确的定论。国内外众多研究者为新媒体做过很多种定义。经过研究和分析,这些定义可以大体归为两大类。第一类重点强调介质与载体的特性。例如,利用数字技术、网络技术,通过互联网、宽带局域网、无线通信网等渠道,以及计算机、手机、数字电视机等数字或智能终端,向用户提供信息和服务的传播形态,都可以作为新媒体。第二类将行业作为着眼点。例如,移动端媒体(手机和 Pad)、网络媒体、交互式媒体、楼宇电视、移动产业等。

可以说,新媒体是数字化时代到来之后出现的各种媒体形态。也就是说,新媒体是建立在数字技术和网络技术等信息技术基础之上的。

二、新媒体的特征

(一)数字化与虚拟性

新媒体的发展离不开互联网的发展。也就是说,数字技术的应用推动了新媒体的发展。在一定程度上,新媒体可以被称为数字新媒体。数字化是新媒体最显著的特征。数字技术与新媒体相结合,将不同的信息进行整合和编码,然后转换为符号,进行语言系统的重组,最终呈现为计算机语言并对其进行传输和存储,从而改变了传统媒体的形式,实现了信息的高速流动。它具有扩大信息传播、丰富人们感官体验的作用。随着新媒体技术的成熟,现实世界与虚拟世界之间的界线逐渐模糊,新媒体的信息传播和交流与现实的社会行为相异,其借助信息载体的数字化和虚拟性得以实现。

新媒体的虚拟性体现为信息本身的虚拟性、传播关系的虚拟性和空间的虚拟性。新媒体的虚拟性在一定程度上对人类社会产生了一定的影响。首先,新媒体提供的虚拟空间进一步拓宽人类的生存空间,让人类生活变得更加丰富多彩。其次,虚拟的传播关系对社会道德意识产生了一定的消解作用,虚假信息的传播也会给大众带来诸多的负面影响,引发一些社会问题。

(二)碎片化与交互性

与传统媒体传播效果的大众化、全面化相比,新媒体侧重于简单、快速的信息传播方式,呈现出碎片化的传播方式。碎片化传播是指完整的信息通过网络、手机等媒介的再编辑与传播呈现出块状、零散的描述形式,导致信息、受众与媒介细分化的现象。信息源的多样化是其产生的重要原因,它使信息质量参差不齐,进而使人们获取到的信息呈现碎片化特性。新媒体改变了传统媒体,改变了受众被动地接受发送者传达的信息的特点,实现了传播者和受众之间双向的信息互动,打破了信息传播的身份限制,信息交流过程中的双方都有控制权和话语权。借助电脑、手机等移动终端,人人都可以发布信息,实现信息的即时接收、传播、反馈和互动,有利于信息传播双方甚至多方的即时理解与沟通。

（三）海量化与时效性

传统媒体在传播信息时受限于版面、时间等多种因素,信息容量非常有限。而新媒体依托数字技术,由于信息存储数字化,可存储的信息内容无限多,成就了其海量的信息以及丰富的内容。新媒体所发布的信息不受制作周期、截稿时间以及身份的限制,促进了传播效率的提升,实现了信息的随时发布、即时传输,尤其是它对一些突发事件的报道可以将"第一时间"和"第一现场"牢牢掌握,实现了信息的即时性传播。传播受众可以不受时空限制,通过网络获取自身所需要的信息。

三、新媒体的发展

互联网的高速发展不仅为人们的生活带来了深刻的变化,同时也促进了网络传媒的产生。

伴随着移动互联网的发展,新媒体逐渐渗透进了人们的生活中,而且各种新兴媒体的出现开始颠覆了人们对媒体行业的认知。

在移动互联网时代,新媒体与传统媒体相互依存、相伴发展,但是基于移动互联网的新媒体不仅从根本上改变了新闻的报道以及传播形式,同时也为人们提供了一种更加便捷的信息获取方式。

（一）新媒体的类型

1. 网站

从 1988 年开始,门户网站建设热潮兴起,人们纷纷热衷于门户网站的建设。一般来说,门户网站就是进入互联网的一个入口,只要通过这个网站,就可以获取所有自己需要的信息,到达自己想要到达的网站。最初,门户网站只是提供搜索服务和网站目录服务,在后来的发展中,逐步拓展了各种新的业务,如电子邮件、发布新闻、在线调查、开通话题专栏、提供论坛博客等,功能越来越全面,架构也越来越复杂。如今,所有的新闻门户网站都发展成了栏目多元化的综合性网站。

按获取信息内容来分,门户网站可分为综合型门户网站和垂直型门户网站。综合型门户网站主要指能提供新闻、搜索引擎、聊天室、免费邮箱、影音资讯、电子商务、网络社区、网络游戏、免费网页等服务的网站。例如,新浪、搜狐、网易、腾讯等网站就是典型的综合型门户网站。垂直型门户网站是指专注于某一个领域的网站。例如,"东方财富"专注财经领域,"搜房网"专注于房产等。

随着信息技术的发展,智能手机迅速普及,社会进入了移动互联网时代,人们更多地通过移动终端来获取信息,因此很多门户网站为了适应手机阅读,就设计了专门的手机门户网站,微网站由此出现。

微网站是源于 Web App 和网站的融合创新,兼容 iOS、Android、WP 等各大操作系统,可以方便地与微信、微博等应用进行链接,适应移动客户端浏览市场对浏览体验与交互性能要求的新一代网站。总之,微网站更加适应移动互联网的特性,信息展现形式更加多样化,更加满足了人们的碎片化阅读。

2. 博客

博客来源于 Weblog,是一种以网络作为载体,由个人管理、张贴新的文章内容、图片或视频的网站或在线日记,用来记录、抒发情感或分享信息,传播个人思想,带有知识集合链接的出版方式。

与论坛碎片化的话题相比,博客让个人的面目、性格更清晰可见,更容易获得大家的认可和关注阅读。

博客兴起后出现了很多博客门户网站,如"博客中国""博客大巴"等。随着博客数量的增加,博客广告市场开始发展。博客可以说是早期互联网个人网站之后的新媒体典型应用。

3. 微博

微博,即微博客,是一个基于用户社交关系的信息分享、传播及获取的平台,用户可以通过微博平台发布 140 字左右的文字内容,并实现即时分享。2009 年以来,随着推特等微博客的兴起,以新浪微博为代表的国内的微博客也迅速发展,吸引了大量博主加入,同时也吸引了大量普通人围观。

微博强大的影响力与其自身具有的优势密切相关,其主要表现在以下几个方面:

第一,入门简单方便。微博操作非常简便,用户可以通过计算机和手机客户端随时随地发布文字、图片和视频,更新信息。在编辑微博信息时,人们不需要离开个人首页,只要在文本框内输入文字即可。一条微博控制在 140 字以内,非常简短,编辑不会耗时,可以说,微博可以充分利用碎片化时间进行写作和阅读,这方便了很多知名人士进入微博进行微分享。

第二,互动性较强。微博有关注功能,即用户可以对其所感兴趣的人进行关注或者加为好友。关注之后,对方在微博上公开发出的所有信息都会显示在用户的个人首页上,并随着时间自动更新。用户可以选择自己所关注的信息进行转发或评论。这些转发和评论都会在页面上给原作者以提醒,而原作者又能通过提醒功能查看其他人的留言和评论,能及时回复消息或者回答问题。同样的,受众也能通过计算机、手机等利用碎片化时间即时接收传播者所发布的多媒体信息,并加以互动。

第三,具有较强的社交传播性。随着微博用户的不断增长,微博所能发挥的效用也越来越大。例如,某位明星随意发条微博,随后就会有成千上万条转发和评论;《人民日报》发布一条新闻,瞬间网友就能迅速得知该条新闻的信息。

4. 微信

微信是腾讯公司于 2011 年推出的一个为智能终端提供即时通信服务的免费应用程序。微信支持跨通信运营商、跨操作系统平台,通过网络快速发送免费(需消耗网络流量)语音短信、视频、图片和文字,同时微信提供公众平台、朋友圈、消息推送等功能,也可以使用通过共享流媒体内容的资料和基于位置的社交插件"摇一摇""漂流瓶""朋友圈""公众平台""语音记事本"等服务插件。随着移动互联时代的到来,微信不仅继承了 QQ 的用户,还不断拓展了新的用户、新的玩法。目前,微信已覆盖了中国几亿用户而且走出了国门,成为世界上一款主流的即时通信应用。

5. 自媒体

2003 年,波曼和克里斯·威里斯在《我们自媒体》中指出自媒体是普通大众经数字科技强化、与全球知识体系相连后,提供并分享自身真实看法及自身新闻的一种途径和实时传播方式。

新媒体出现后,媒体逐渐变成越来越多的普通人发布信息、传播信息的工具。从论坛到博客,再到微博、微信,以及短视频和直播,媒体变得越来越个性化、个人化,每个人发言的自由空间越来越大。只要个人用博客、微博、微信、视频、直播、社区等互联网平台向不特定的大多数或者特定个体传递关于自己信息的新媒体,都可能被看作是自媒体。

我国目前自媒体主要平台有微信公众号、头条号、微博、百家号、搜狐号、企业号等。据统计,2017年各类自媒体账号总注册数有3 155万左右,其中微信公众号以超2000万的注册数,占据整个市场六成以上份额。自媒体市场从业者的收入主要构成有流量分成(35.5%)、广告(30.7%)、稿费(6.5%)、电商(4.2%)、打赏(3.8%)及其他(19.3%)。目前我国自媒体拥有超过260万人的从业者。中国自媒体行业竞争呈现出明显"赢家通吃"的"头部效应"和"区域聚集"的特征。

6. 移动端媒体

随着移动终端的不断发展,移动端媒体也蓬勃发展。根据移动端媒体的发展历程,移动端媒体包括手机报、新闻客户端、网络直播、网络主播等。

(1)手机报

手机报从手机短信发展而来,其可以推送新闻、图片、广告等内容。手机报可以为企业发送大容量的多媒体信息,包括1 000字的文章、小于50K的图片。它的实质是电信增值业务彩信与传统媒体相结合的产物,是以手机作为传播新闻的载体,实现用户与资讯的零距离接触。

(2)新闻客户端

为了适应移动阅读模式,新闻门户网站纷纷推出专门的新闻门户客户端,如网易新闻客户端、腾讯新闻客户端、搜狐新闻客户端;也有推出更适应手机阅读的新闻门户媒体,如今日头条;有些传统媒体也抓住移动阅读机会,推出自己的移动新闻客户端,如浙报集团的澎湃新闻、上海文广集团的界面新闻。这些借助数字、移动技术,安装在移动客户机上的新闻类服务程序,我们统一称之为新闻客户端产品。

新闻客户端的兴起适应了移动阅读的趋势,取代了传统看报纸的形式或从门户网站看新闻的需求,但是移动终端界面很小,所以新闻客户端也为适应这一变化做了许多重要的创新。第一,碎片化阅读,排版适应手机载体,受众可随时随地阅读相应信息;其次,突出头条新闻,引入独家原创内容,围绕精准定位推送文章,抓住目标人群;第三,强化个性化推送,依据用户阅读习惯,智能推送用户喜欢阅读的文章;第四,订阅简单,安装方便,可以自动弹出消息提示;最后,鼓励转发社交媒体,强化交流分享属性。

（3）网络直播

2014 年,直播行业首次大范围进入公众视野。随着大量资本涌入,直播平台、观众数量都呈现井喷式发展。网络直播是一群人同一时间通过网络在线观察的真人互动节目。最早是优酷、土豆等视频网站上传个人小视频,再发展到类似六间房等网页端的"秀场"时代,如今的直播平台已经进入了"随走、随看、随播"的移动视频直播时代。近几年,网络直播行业发展迅猛,斗鱼、陌陌、YY、快手、花椒、熊猫直播等平台风生水起,整体呈现出一派繁荣盛景。

今天的网络直播只需要通过一部手机便能够实现,大大降低了传播门槛。通过直播,人们将自己的日常生活发布到网站上,以新鲜、奇特的内容吸引更多人的关注。而通过直播,人们能够将外部的东西附加进去,实现产品宣传,而感兴趣的人可以通过购买行为让直播者实现流量变现。网络直播成为现在最受热捧的一种新媒体营销方式。

网络直播具有其他新媒体方式不可比拟的优势。第一,网络直播具有非常强的实时互动性,能及时作出实时反馈。第二,企业可以通过设定直播话题让用户集中在某一特定的时间,锁定忠诚用户,使广告有特定的价值,从而获取精准用户。第三,直播不仅能够让企业看到用户的覆盖面和粉丝增长等数据,同时还可以实现用户边看边买,或配合促销活动到相应的电商平台购买,从而直接从关注实现转化,即实现产品的立即销售。第四,网络运营成本低。通过利用直播进行宣传推广,不管用户在哪里,都可以在线参与,产生实时互动,减少了沟通协调交流的成本。

（4）网络主播

网络主播指在互联网节目或活动中,负责参与一系列策划、编辑、录制、制作、观众互动等工作,并由本人担当主持工作的人或职业。网络主播是一个综合能力很强的职业,一个优秀的网络主播常常要面对线上数万、几十万甚至上百万的观众,并且实时与线上观众交流互动,优秀主播的影响力会有效辐射到产品销售上,这也是企业把优质"网红"的培养和争夺当作直播营销一个重头戏的原因。

网络视频直播最大的特点是可以让用户与现场进行实时连接,具备最真实、最直接的体验。从信息传播的角度来看,文字可以捏造,图片可以 PS,就连视频也能剪辑制作,唯独直播的真实性相对最强,主播和用户如何互动是无法提前安排的,这给用户提供了足够的想象空间和惊喜,吸引用户收看,而其强大的互动性也拉近了粉丝和主播之间的距离。

目前网络主播按照内容可分为秀场主播、游戏主播、其他主播,秀场主播和游戏主播居多,其他主播较少。

(二)新媒体未来的发展趋势

1. 移动社交化

移动互联网的发展为移动新媒体提供了一个有利的成长环境,但是同时也带来了巨大的挑战。

随着移动互联网的发展以及智能手机的不断普及,用户上网时间越来越多地被手机占据,用户可以不用再专门抽出固定的时间来浏览资讯,浏览资讯的时间呈现出日益碎片化的趋势。

用户在等车、就餐、起床前、睡觉前、上洗手间等一些碎片化的时间里就可以通过各种社交平台来了解新闻资讯以及朋友的动态。因此,移动新媒体的出现,将就用户的碎片化时间展开激烈的争夺。

据统计,截至 2020 年 12 月,我国网民规模达 9.89 亿,手机网民规模达 9.86 亿,互联网普及率达 70.4%,手机已经成为绝大多数人浏览信息时的首选。移动新媒体的出现满足了用户随时随地获取信息的需求,同时也帮助用户有效利用了碎片化时间。对移动社交媒体来说,媒体的微信公众号已经成为广大用户获取信息以及互动的主要渠道。

移动社交媒体的崛起,让用户的社交、沟通、阅读及分享等行为都逐渐走向移动化,人们可以随时随地地沟通、阅读、分享,甚至开展社交活动。各种热点资讯、新知识或者知识的分享开始越来越多地呈现在移动社交平台上。

在众多的移动社交平台中,微博、微信凭借强大的用户基础及信息传播速度快、碎片化等特点和优势,受到广大用户的欢迎,各种信息通过评论、点赞及转发分享等方式得到迅速传播。由此不仅增强了用户参与信息传播的积极性,而且也使信息传播的速度和广度以成倍的速度扩张。而且随着移动新媒体的出现,用户注意力的切换速度也在不断加快。

移动新媒体集社交关系、内容及服务于一体，为人们创造了一种新型的传媒方式。而新媒体的移动社交化方向也使得新闻资讯的获取朝着社交深化的方向不断发展，新闻信息的人口也将迅速转移到社交平台上。

2. 资讯视频化

随着移动互联网的发展，各种庞杂的信息已不能单纯靠文字及图片展示来进行输出，在这种形势下，视频信息展示形式应运而生。

在信息表达方面，视频拥有独特的优势，不仅可以更直观、形象地展示信息，也可以加深人们对信息的认知和记忆。利用视频这种展现形式可以更深刻地影响用户，这也就促进了移动视频的飞速发展。

移动互联网覆盖率的不断提升以及各种移动智能端的层出不穷，使得智能手机成为大多数网民上网的重要工具。用户通过智能手机利用碎片化时间就可以实现跨屏连续观看视频，因此在移动视频应用上停留的时间将会大幅提升。

移动视频的兴起也推动了移动视频付费时代的到来，对于一些聚合类的移动视频应用，用户只要付很少的会员费就可以观看热门电影。而这种会员收费制度未来将会得到更多视频用户的认可和欢迎，而会费制度也将成为未来移动视频的一大收入来源。

各种新媒体的出现和成长推动了移动新媒体时代需求的多元化发展，在丰富的移动社交需求的推动下，移动社交新媒体的传播模式将迅速发展起来，并将加速公共信息传播方式以及模式的变革。

第二节　新媒体的运营与营销

一、新媒体的运营

(一)新媒体运营的核心

伴随新媒体的迅猛发展态势，传统媒体受到了巨大冲击，人们错误地认为内容为主的时代已经过去。很多人抛开内容转向渠道为王。渠道固然重要，但没有内容，渠道只能是空谈。因此可以说，新媒体运营的核心就是内容。

20 世纪 90 年代，美国传媒业大亨萨姆纳·雷德斯提出了"内容为王"的观点，更为直接地表达了内容的重要性。1996 年，比尔·盖茨再次强调"内容为王"。由此可以看出，内容在运营中的重要性。

此外，我们还需明白内容就是产品。媒体内容同其他产品一样，如果它不能满足受众的需求，无法为其提供良好的体验，那么就会被受众放弃。因此，媒体从业人员要将内容当作一件产品来对待，在制作之前，考察市场的需求，使内容能契合受众的需要，同时还要在设计、包装、营销等环节下功夫，力求使决策精准，受众广泛。

（二）新媒体运营策略

新媒体的产生和发展让粉丝开始变得越发重要，粉丝经济在新媒体中发挥了越来越重要的作用。一个媒体平台如果没有庞大的粉丝群做支撑，就会逐渐失去自己的价值，而粉丝经济的产生和发展，还会给报纸、杂志等传统媒体带来冲击，可以说报纸、杂志所主导的媒体时代已成过去式，新媒体已经借势崛起。

从本质上来讲，新媒体之争也就是粉丝争夺战，新媒体将营销的目标全都指向了获取质量上乘的粉丝。对于新媒体来说，拥有了粉丝群体就等于拥有了一笔巨大的财富。为了获取优质粉丝，新媒体运营必须采取有效的策略。常见的新媒体运营策略有以下几方面。

1. 打造灵魂人物

不管是微信还是微博平台，要想吸引大量的粉丝，关键是要为平台塑造一个灵魂人物，借助灵魂人物的影响力集聚大量的粉丝。一般微信或微博平台的灵魂人物，通常是指企业的创始人。平台的灵魂人物应该积极与粉丝进行互动和交流，增强与他们的联系，从而打造更忠诚的粉丝群体。如果公众号没有自己的特色，将很难长期地吸引粉丝。因此，打造一个灵魂人物，也是保证粉丝能够持续关注公众号的一计良策。

2. 建立平台思维

要想获得更多的粉丝，必须为粉丝提供优质的内容，只有对他们而言有价值并且感兴趣的东西才会受到他们的关注。以电视台为例,要想提高收视率,必须有优质的电视资源。而要成为一个优秀的公众平台,就必须有优秀的作者提供高质量的内容,这样才能吸引粉丝。

随着时代的推进,社会已经走进了一个泛作者时代,任何一个自主创作的人都可以称为作者,作者已经失去了原先的价值,创作的各种内容也良莠不齐,因此对于平台来说,将优质的文章和内容整理出来发布在平台上,可以为读者节省大量的时间,同样也可以让真正优秀的文章体现其应有的全方位解读新媒体运营模式价值。

3. 资源运作

随着粉丝数量的增多,这些粉丝都会变成平台的资源,而资源是可以变现甚至是交换的。如果平台仅仅是自己使用这些资源,那么平台所能获得的价值以及影响力就会很小;而如果平台能够将这些资源与粉丝共享,不仅可以更大程度地挖掘资源的价值,同时也可以打造粉丝与平台的利益共同体,从而有效提升平台的价值。

如果平台可以将资源分享给更多的人,那么就等于为平台赢得了更多经营以及运作的人,将平台的命运与粉丝的命运联系起来,充分调动了粉丝对平台资源利用的积极性,为平台带来更多的活力,从而有效推动平台的发展。

4. 把读者当顾客

读者是指阅读一篇文章或一本书的人,在阅读完成后作者不需要与读者保持联系。然而顾客在购买了产品之后,商家仍然需要与顾客保持密切的联系,不仅是对售后的产品进行维修,还包括了解顾客对产品的体验及感受,从而及时对产品进行改进和完善。可以说,读者与作者是一种不需要维持的关系,而商家与顾客则是一种需要长期维持的关系。如果要发挥新媒体的变现价值,那么就应该将读者看作顾客,与其保持长期的联系,从而为平台创造长期的价值。

5. 打造多个媒体传播渠道

要想吸引和留住更多的粉丝,就需要有多个价值输出渠道,以保证新媒体能够保持鲜活的生命力。有过新媒体运营经验的人,通常都会知道新粉丝在刚开始关注的时候活跃度一般都很高,但是随着时间的推移,部分粉丝的活跃度就会下降,要想平台能够保持更持久的活跃度就应该每天都能吸引更多新的粉丝,因此应该为自己的平台打造更多的媒体传播渠道,为平台注入源源不断的活力。

6. 重视人脉关系链的传播

新媒体的发展颠覆了传统媒体的传播方式,人脉关系链开始发挥越来越重要的作用。在新媒体传播中,每一个粉丝都成为传播的载体,粉丝不仅是平台的观众,同时也是内容的传播者,而且只要有优质的内容,粉丝的传播能力是可以无限放大的。

如果内容能够被拥有 10 万粉丝的意见领袖转发分享,那么这次传播所带来的影响力就可以扩大至 10 倍以上。通过这种人脉关系链的传播可以将内容分享到更多的人群中,并且还不会为平台增加额外成本,既增加了粉丝数量又提高了平台的影响力。

要发挥好人脉关系链的价值,就应该做好内容。粉丝之所以愿意对平台发布的内容进行转发分享,关键在于内容优质,因此做好内容就成了人脉关系链传播效应的坚实基础。

随着新媒体在各个领域的渗透,未来新媒体将成为众多企业营销传播以及获取客户的重要渠道。因此谁能更好地运营新媒体,谁就能在未来的新媒体之争中抢占更多的优势,抓住更多有利的商机。

移动互联网的发展已经使整个商业格局发生了翻天覆地的变化,随着智能手机、平板等移动智能端设备的流行,用户的购买习惯已经发生了转变,由手机主导的时代已悄然而至,未来一切的商业活动都将以手机为核心,而这就为新媒体的发展提供了更有利的时机,届时新媒体将获得更大的腾飞。

二、新媒体营销概述

(一)新媒体营销的概念

新媒体营销是在新媒体发展的基础上,通过新媒体这种渠道开展的营销活动。新媒体营销不同于传统的营销模式,它能精确地获取访问量,收集整理出访问来源,访问的时间,受众的年龄、地域以及生活、消费习惯等。比传统营销更精准、更有效、更节省时间。企业采用新媒体营销，能更有效地收集客户资料，针对目标客户采用合适的营销策略，并且能有效降低成本，提高营销效率，最终实现更好的企业品牌宣传。

总的来说，新媒体营销是基于特定产品的概念诉求与问题分析，对消费者进行针对性心理引导的一种营销模式。企业通过借助媒体表达与舆论传播使消费者认同某种概念、观点和分析思路，从而达到与企业品牌宣传、产品销售相关的目的。

(二)新媒体营销的特点

与传统营销相比，新媒体营销具有以下几方面特点。

1.营销形式灵活

与传统营销不同，新媒体营销方式更多样，不再受时空的限制和形式约束。通过应用新媒体，消费者真正实现了足不出户便可购物的理想。无论在哪里，只要有互联网的地方就有市场。

2.营销过程互动性强

通过运用新媒体，企业或商家可以自由地与消费者进行互动，可以随时发布产品信息，随时掌握客户的需求和客户反馈的信息，从而推动商家提升服务质量。同时，企业或商家通过利用新媒体与客户进行互动交流，及时了解客户更多的需求，有助于掌握市场发展动向，从而制定更合理的决策，并提出有效的执行方案。

3.营销内容创新性强

在万众创新的新时代，新媒体带来的创新、创意无处不在，不仅可以通过传统的方式进行宣传，还可以通过社区网络、微博、微信、社交网络、网络视频、博客等平台实现良好的营销效果。

4.营销成本相对较低

新媒体营销和传统媒体一样，在应用过程中都会存在必要的成本，而新媒体营销因其先进的技术手段的使用，往往能实现用"小钱"办"大事"的目的。总之，由于新媒体的使用，企业或商家与消费者或客户之间的交流更加便捷化，减少了传统模式中繁琐的中间环节，在很大程度上减少了消费者的消费成本。消费者也可在网购中享受物美价廉的购物体验。企业在确定经营目标和进行市场细分的前提下，对新旧营销方式进行整合，在满足消费者需求的基础上，追求以最低的投入获得最佳的营销效果。

（三）新媒体营销的优势

与传统的营销模式相比，新媒体营销体现出了自身所具备的优势。

1. 新媒体可以与消费者有效互动，进而使其成为新的传播源

在新媒体时代，消费者的决策成本进一步提高，在一定程度上影响了企业的营销效果。在传统营销中，企业主要进行硬性推广。然而，在新媒体营销中，企业则更加注重与消费者或客户之间的互动交流。企业要促使消费者或客户与企业融为一体，让每个目标用户参与到产品的开发设计中去，让企业品牌融入消费者的生活中，让品牌深入消费者心中，通过消费者的口口相传，让品牌无限地扩散下去。如果企业不能做到让消费者与企业融为一体，那么企业在营销方面、在产品宣传上就需要花费大量的人力、物力和时间，营销成本也会增加。因此，让消费者成为企业营销的一分子，对于实现企业的发展目标具有极大的促进作用。

2. 企业营销成本得以有效降低

新媒体营销的产生和运用，有利于企业营销成本大幅度下降。新媒体不仅为企业创造的平台成本低廉，而且传播费用也大幅度减少。许多企业不需要花费大量的资金在传统媒体上投放广告，而只需要通过微博、微信、QQ等网络载体进行广告信息传播即可。通过新媒体营销，更多的消费者参与到了广告宣传中，而且企业品牌也更加深入人心。

3. 新媒体带来了巨大的数据库营销宝藏

新媒体的一个巨大特点就是可以获得大量的用户消息。当用户在各个平台上进行宣传、购买时，往往会进行用户的注册。在注册过程中，用户往往无形中把自己的相关信息提供出去。而企业通过这些平台的后台数据，可以收集到大量精准的潜在消费者，然后企业通过这些用户

所提供的信息,进行系统的数据分析,从而发现用户的需求点,或者挖掘用户的消费潜力,以便于企业更精准地制定下一步营销方案。

4. 企业可以按照广告效果付费

由于新媒体具有精准的投放特点,因此,新媒体让品牌传播和品牌建设更为准确和有效。它可以更高效地获得巨额广告费用。传统营销的传播效果很难达到新媒体营销的高度,并且其传播效应亦难以预估。如今,互联网广告都是按照效果进行付费,类似于点击量、粉丝数,或是小广告的弹出数,商家都可以查到,并不用担心会发生欺诈行为。

5. 新媒体能有效地面对危机公关

由于新媒体的广泛应用,企业或商家面对的消费群体扩大,面对的消费者更加形形色色。正所谓众口难调,没有任何一种产品和服务是能让所有消费者都满意,并且是百分之百满意的。同时,新媒体中的信息分散,舆论社会很难以把控。因此,有负面消息的存在很正常,任何一种媒体都难以避免。在这种情况下,企业需要找寻解决办法,以合理有效地控制这些负面消息。因此,合理地使用新媒体,能迅速有效地帮助企业发现不良的苗头,使企业在每一次危机来临时采取有效的处理措施。

总而言之,新媒体营销改变了传统营销中的信息单向流动模式,消费者不仅是信息的接受者,更是信息的创作者,同时也可以传播任何想要传播的信息。

三、典型的新媒体营销策略

(一)新媒体广告营销策略

随着新媒体技术的不断发展,新媒体广告应运而生。对于新媒体广告,我们可以从广义和狭义两方面来理解。从广义来说,新媒体广告与传统媒体相对,是指除了传统媒体以外刊载的所有广告。这里所说的传统媒体是指广播、电影、电视、报纸、期刊以及户外广告牌。从狭义来说,新媒体广告是指以数字信息技术为基础,以数字影像的方式呈现,以有线终端(计算机、电子显示屏等)或无线移动终端(手机、平板电脑等)为接收载体,受众以互动方式接受广告信息的活动。

1. 新媒体广告营销的优势

第一,运用多元化渠道进行传播。在新媒体时代下,音频、视频、图片、歌曲都是多元化广告信息的有效载体,海量的信息和方便、快捷的传输速度决定了其传播的先天优势。在"互联网＋"时代,信息的传播更多地以一种信息分享的形式进行传播,如 QQ。除此之外,针对不同内容、不同形式的广告信息,还可以通过微信、微博、网页链接、网站等多种形式和载体进行传播。

第二,全民互动的参与方式。在新媒体时代,广告品牌意识已经融入全民互动的参与中。通过口口相传的口碑作用的影响和扩散,通过互动载体的传播,为受众提供了更多的参与机会。同时,传播的受众也从客观的被动接受开始转为主观的主动参与,已经从主客二分逐渐向主客高度相融的嵌入式、互动式新型传播模式转变。受众主体已经开始主动关注、参与传播广告相关信息,他们在一次次点击网络搜索引擎时,每点击一次关键词,与关键词相关的广告商家就要付给搜索引擎一定的费用,这也是网络时代的一种比较常见的营销传播模式。

第三,精准的媒介定位。在新媒体时代下,广告的投放表现形式更多地表现为分众化、对象化和精准化。这就要求广告的投放要用最低的费用,取得最广泛的传播效果,也就是说要使广告的投入比最大化。随着广告费用的支出越来越科学化,新媒体广告应运而生,这是时代的选择,也是历史的必然选择。新媒体广告因为其高性价比、个性化、易操作化、大数据化,越来越受广告厂商和受众的青睐。广告厂商可以通过大数据来收集、挖掘优质客户,通过数据的分析、整合、预测,对市场和产品进行前瞻性的策略定位,从而在市场中占据一种领先的定位。受众也可以通过各种网络工具进行搜索、筛选,找到符合自己消费习惯和预期心理价格的产品和服务。

2. 新媒体广告营销策略分类

(1)广告信息策略

在制定广告信息内容时,首先要明确广告目标和目标消费者以及如何有效地向其目标消费者传达广告信息。即广告的信息内容和形式的设计都要根据目标受众的特点来考虑,在受众细分的基础上,有针对性地向不同消费者投放不同的广告信息内容。

此外，在广告信息策略上，以内容为主，进行软化隐性。当前是一个信息爆炸的时代，消费者对传统的硬性广告已越来越反感，但对各种软文广告的接受程度较高。广告人可利用软文信息量大、容易接受等特点来传播企业或产品信息。尤其是一些有高新技术含量的家电产品、保健产品在产品开拓市场初期，利用科普进行软文宣传更可以畅行无阻。

（2）广告渠道策略

根据目标受众的实际需求选择广告投放的渠道。新媒体环境下，受众可以自主选择和接受广告的内容，这是互动广告的特性之一。不同的媒体有其特定的用户群体，所以广告主必须选择与其目标受众定位相契合的媒体。一般来讲，广告主可以根据目标受众使用新媒体的习惯来选择适合的媒体渠道。例如，选择目标受众经常光顾的网站，这样可以保证广告信息有效到达，这是互动广告传播的前提。选择针对目标受众的媒体，可以有效提高反馈率。另外，广告的内容与媒体的内容也要有相关性。通常，相关性越高，广告的吸引力越大，就会有越多的受众参与进来。例如，有美容意向的人会去访问与美容相关的网站或页面，在这样的网站或页面上发布美容产品、美容服务，其效果就比发布在其他网站或页面上要好，因为访问其他网站或页面的网民，其意不在美容，一般不会去注意，更不会去主动点击这类美容广告。

另外，广告主选择媒体投放渠道时要考虑受众的可参与性，即受众使用该媒体是否方便，是否受时空的限制。反馈渠道的畅通，是新媒体广告得以实现的必要条件。反馈渠道使用越方便，反馈的时效越快，广告达到的效果越好。在新媒体环境下，许多企业开通了新浪微博。对于消费者来说，可以通过微博向企业咨询问题，反馈使用心得，提出意见，等等；对企业来说，可以通过微博了解消费者的意见和观点，对产品进行改善。

（3）广告投放时间策略

除了要确定广告信息内容以及投放渠道外，如何规划新媒体广告的投放时间也是要考虑的因素之一。确定投放时间的方法多种多样，总结概括为投放时机策略、时段策略以及发布时序策略。

时机策略就是抓住有利的时机来投放广告。通常选择抓住社会热点、突发事件和网络上的热点话题。由于新媒体的便捷性，广告的发布和修改比传统媒体要快，非常有利于抓住突然事件和社会热点来借势为自己宣传,取得良好的效果。

时段策略是指广告投放的时间段要尽量与目标受众接触媒体的时间段一致,这样可以最大化广告的传播效果。

时序策略是指广告的发布和商品谁先进入市场的策略。根据不同的广告目的,可以分为提前策略、即时策略和延时策略。提前策略是指广告先于产品进入市场。这种策略的优势是可以事先制造声势,引起公众关注和好奇心,让公众翘首以盼,制造出一种产品一上市就会被抢购一空的局面,从而为产品进入市场做好了准备。这种策略适用于全新产品或者经过升级的产品。

(二)新媒体口碑营销策略

从传播学来理解,口碑是一种以口说语言为媒介的传播形式。传统意义上的口碑主要是指发生于亲戚朋友等强关系人群间的关于产品或服务的消费经验的分享,由于强关系人群之间较强的亲密关系和信任程度,因此他们的建议或意见能在更大程度上影响消费者的购买决策。

随着时代的发展,以计算机为载体的新媒体网络时代已被人们广泛地认知和使用,并逐渐占据了主导地位。信息的及时性、共享性使得一大波社群网站也应运而生,消费者可以借用多种社交平台收集与交流产品的信息以及通过互联网对产品进行经验和知识的分享,基于网络平台的这一特点而开展的新型的网络口碑营销对人们的影响越来越大,逐渐代替了传统的营销模式,成为新媒体环境下的营销新模式。

网络口碑,又称为电子口碑或在线口碑,是指网民通过论坛(BBS)、博客和视频分享等渠道和其他网民共同分享的关于公司、产品或服务的文字及各类多媒体信息。这些讨论相应的传播效力会影响到这个品牌、产品及服务的信誉度,也就是网络口碑,从而也会在某些方面对其经营造成一定的影响。交流的渠道包括聊天室、BBS公告栏、电子邮件、顾客评论以及即时通信工具等。如在智能手机市场上掀起一股强劲风潮的小米手机,其在生产、销售的过程中通过论坛、微博、微信等方式进行营销,与手机发烧友和消费者之间时刻进行紧密的互动,调动了无数粉丝的积极性,成功实现了口碑营销。

1.新媒体口碑营销的优势

新媒体口碑营销区别于传统的口碑营销,具有自身的优势特点。

(1)传播快

海量信息,超快传播——这是借助新媒体进行口碑营销最显著的特点。由于新媒体的特性,使得信息的传播速度快、信息量大,对口碑的传播极其有利。

(2)针对性强

新媒体的主要使用者和参与者是中青年,这部分人群是社会的中坚力量,与其他人群相比他们的购买力也最强。同时,他们也是信息交流和传递最多的人群。可以说,利用新媒体来进行口碑营销正对他们的胃口。因此,这部分人群也最容易成为口碑传播者。

(3)可信度高

新媒体环境下进行的口碑营销的效果是可以用数据来直观表现的。以微博为例,微博中的信息的转发量是实实在在的可以看见的数据,而这还不包括那些虽然没有转发但是已经有看到或参与到其中的网络用户。信息一层层的转发,也就形成了一个“病毒式”的扩散过程。最重要的是,信息在传播的过程中要表达的内容很明确,人们可以很容易接受。与传统媒体的电视收视率、报刊发行量等笼统、受众宽泛的数据相比,数据也就更加真实和具有价值。

(4)成本低

网络营销需要的成本非常低,它所依托的就是信息在网络间传播的过程中所形成的口碑效应,成本非常低廉,甚至如小米,不花一分钱也能做到上百万的拥护者。而借助传统媒介进行的口碑营销所要花费的成本自然要高出许多。

(5)不受时空限制

信息有形化,无时空限制。在网络间传播的文字、图片、视频短片等信息易于被保存,更加便于人们随时随地进行查阅和反复领会,打破了传统模式下时空的局限性。

(6)交互性

信息时代,沟通是双向的,互联网的网站、论坛、微博、微信成为新的营销方式,企业通过与目标受众的时时沟通,第一时间掌握目标受众的心理,了解自己企业宣传的效果,可以及时根据目标受众的反馈调整自己的媒体营销策略。而这一媒体宣传过程,受众从被动的接受者变为主动的参与者,消费者的自主性增强,积极性显著提高,自然而然地成为企业媒体宣传的一部分,不仅节省了媒体宣传的成本,而且能够起到事半功倍的效果。

(7)传播效率极高

网上口碑的传播主要以文字交流为主,同时包括图片、多媒体信息、搜索引擎信息等。这些口碑信息出现在互联网上时,本身已经是数字化的了,通过 TCP、IP、E-mail 等方式可以直接作为信号来传输,不需要编码和译码的过程,减少了信息传递的中间环节。这样一来网上口碑信息的传递变得更为直接,口碑信息的接受者和发送者之间甚至可以进行直接的交流。而且,借助互联网络,人与人之间的交流已经突破了空间的限制,身在异地同样可以进行面对面的沟通,这使得网上口碑的传递效率大为提高。

2. 企业采取的新媒体口碑营销策略

(1)开展口碑营销活动

企业要紧密地关注口碑的传播,积极引导口碑向好的方向传播,开展网络口碑营销活动。向消费者传播真实、清楚、具体的信息是打造良好品牌形象、成功实施有效口碑营销的保证。由于网上口碑信息的传播速度极快,传播的随意性很强,信息被扭曲的可能性很大,所以企业通过互联网进行口碑营销活动时必须从一开始就向消费者传播真实、清楚、具体的信息,避免抽象。实践证明,清晰、具体的品牌形象更容易成为消费者谈论的对象,而模糊的品牌形象则容易使消费者产生误解,不利于品牌的口碑传播。因此,企业向消费者提供的营销信息要做到清晰、具体,避免抽象和模糊。此外,将品牌形象与典型故事或典型事件相联系也是通过口碑树立品牌形象的一条捷径。

(2)增强与消费者的互动

加强与消费者的互动,发挥消费者的主动性。传统的营销策略是企业为了向消费者传播产品信息而采取的强势营销,通过媒体轰炸让消费者接受大量信息,然而往往采用这样的方式所取得的效果并不是很理想。在新媒体的环境下,企业应该密切关注消费者的真实需求,加强和消费者的互动交流,尊重消费者的意愿和个性,调动消费者的积极性和主观能动性,让消费者能够感受到自己被尊重以及自己所发挥的作用,拉近了双方的距离。这样就能保持消费者高度的认同感,能够及时地了解到客户的反应,从而迅速地调整自己的策略,获得更好的营销效果。

(三)新媒体知识营销策略

如果要实现有效的知识营销,必须采取一定的营销策略。具体来说,新媒体知识营销策略要点有以下几方面。

1. 建立科学的技术平台

企业的科学技术平台可以分为内网和外网。其中内网是供员工相互学习、沟通交流使用的,外网则是用来获取外部的信息资料。内网与外网的相互结合,对于全面把握市场知识营销具有很大的帮助,可以提高营销的效率。

2. 组织高素质营销队伍

在进行知识营销时,需要组织高素质的营销队伍。高素质的营销人员,需要具备良好的知识获取能力、知识整合能力、知识共享能力和知识创新能力。

3. 搭建扁平化组织结构

扁平化结构包括组织层级的降低和组织边界的扩张。组织层级降低能使知识纵向传递和逆向反馈,组织边界的扩张能使知识的获取和共享更为广泛。

4. 打造共享型组织结构

常用的、有效的知识进行共享可以快速地提高营销人员的素质和技能。在建立激励共享机制和营造共享文化的前提下,知识才能得到更好地共享。知识拥有者获得的知识在企业内部存在个人优势。若将知识共享出去,知识拥有者可能会增加竞争对手。所以,企业要合理评估知识,形成完善的激励共享机制。

(四)新媒体互动营销策略

互动营销是指企业与消费者之间通过互动来进行沟通交流,进而达成交易的一种方式。企业与用户之间的互动,追根究底是为了提高用户对企业的信任度,进而促使其购买企业的产品。企业或商家与用户互动得越好,交易成交的概率也就越大。在新媒体平台进行互动营销,一味地追求粉丝的数量而不追求粉丝的质量是不可取的。唯有真正站在用户的角度并为其着想,才能提高用户的满意度。进行互动营销要注意以下几点。

第一,发布用户关注信息。收集用户较关注的话题,进行梳理和解答,并将其发布在新媒体平台上。用户被信息吸引,就会认可产品并转发给朋友,这样就可以使产品得到更多关注。

第二,转发用户评价。在用户对我们进行评价时,可以适当地转发,以让用户感觉到自己被重视、被尊重,同时,转发用户的评论也可以作为产品质量好的证明。当遇到产品有问题的评论时,可以通过转发来统一解决问题,降低客服的工作量。

第三,及时回复用户。当用户进行评论时,回复信息要及时。就如我们平时联系别人时希望能得到最快的回复一样,用户也希望我们能尽快回复评论。及时回复用户,不仅使用户感受到尊重,还会给用户留下好的印象。

第四,解答用户疑惑。当用户存在疑惑时,要及时进行解答。比如,当用户对产品的信息不太了解时,应该向用户详细讲解产品信息;当用户不知道该怎么选择时,应该为用户提供专业的建议;当用户购买产品出现问题之后,应该及时地解决问题。

第五,适时进行活动促销。当用户对产品的信息习以为常后,可以适当地进行活动促销,让用户感到惊喜与新奇。这样不但可以增加新用户,也可以吸引老用户。

第六,对待用户态度诚恳。为用户服务时,态度一定要诚恳。我们在其他地方消费时,会希望服务人员能够真诚地对待我们,而不是敷衍了事。因此,我们在对待用户时,也应该诚恳待人,这样才有助于拉近我们与用户之间的距离。

第二章　微营销

　　微营销是以移动电子商务为依托的一种体验式营销渠道,与网站营销相比,微营销具有更高的便捷性。网站营销缺少一个连接产品、商家和用户的桥梁,通常无法实现体验式营销。而微营销以其高移动性的优势,越来越受到用户的青睐。作为新型的营销渠道,微营销更强调"近距离"接触,拉近了用户与商家之间的距离。

　　传统的营销方式,大多是以报纸、杂志等平面媒体为主要平台。随着网络的普及,营销人员也开始转战网络,然而,风靡一时的网站营销正逐步被微营销取代。微营销的出现满足了越来越趋于精细化、多样化和个性化的市场需求。作为一种更加灵活的营销方式,微营销能够帮助商家轻装上阵,在瞬息万变的市场大环境下,进退自如。

第一节　微营销概述

　　从互联网到移动互联网时代,随着智能手机和 APP 成为人们日常生活必不可少的一部分,营销也随之具有了更进一步的渗透性。微营销是移动互联网的产物,它和我们经常提到的微信营销有着紧密的联系,但同时也具有本质上的不同。

一、微营销的概念

　　微营销是以营销战略转型为基础,通过企业营销策划、品牌策划、运营策划、销售方法与策略,注重每一个细节的实现,通过传统方式与互联网思维实现营销新突破。微营销是传统营销与现代网络营销的结合体,是以移动互联网作为主要沟通平台,通过微博微信等应用配合传统网络媒体和大众媒体,通过可管理、线上线下的沟通,以此建立和强化与顾客间的关系,实现顾客价值的一系列过程。互联网时代,传统的营销方式迎来了耳目一新的变革,而智能手机的普及,令网络营销领域进一步向手机端渗透。

微营销从字面上看很容易和当下较为普遍的微信营销混淆,但这两者是不同的。从字面意义上来看,微营销和传统较为粗放式的推广方式明显相反,更体现出精细化和精准营销的特点,而这一特点,正是通过移动互联网来达到的。事实上,微营销就是建立在移动互联网技术之上的社会化媒体营销,它又被叫作社交媒体营销。微营销主要是利用社会化的网络移动社交平台,如微信、微博、抖音等大众流行的一些移动端APP,来进行碎片化的媒体信息传播,达到营销推广的目的。这种营销类型具有成本低、性价比高的特点和优势,所以受到很多企业品牌的尝试和青睐。

微营销≠微信营销。微营销的概念较为宽泛,总的来说就是在移动网络媒体上进行的营销,和传统营销方式以及以往的互联网营销方式相比,更具有精细化和针对性特征。而微信营销仅仅是借助微信平台来进行传播推广的常见方式,其概念范畴明显要小于微信营销,从两者的联系上来看,微信营销其实是微营销中常见的具体表现形式之一。除此之外,微博营销、抖音营销等类似的推广方式也是如此。要做好微营销除了需要利用好移动网络平台的传播和社交功能之外,还需发挥创意,并选择适合品牌和产品的具体模式来打造营销内容。

二、微营销常见的模式

"两微一抖"是当下较为热门的微营销平台,而在这些内容社交平台上,常见的模式和运作原理主要有以下几种。

(一)用直接明显的利益让渡进行诱导

在微信上,我们经常可以看到分享送红包、送流量或者优惠等类似的活动,微博上也有领红包主动关注的设置,这样明显的利益诱导往往可以吸引很多用户进行关注或者转发分享,在社交圈中得到有效的传播。面对商家做出的一小部分利益的让渡,人们普遍的占便宜心理往往会为了这点利益而随手进行关注或者转发,既能够让用户尝到甜头,也能很快让商家达到营销的目的,可谓是商家和用户之间的双赢。

这种直接让渡一定价值或者利益的微信营销最为常见,也是较为省事和有效的模式,因为商家做出这一策略时,往往不需要太多的创意和内容,只需要了解目标用户的普遍需求,像红包、优惠券、流量、折扣等生活中人们追求的一些利益。就比如抢红包作为微信必不可少的功能之一,也成为很多企业出于营销而经常使用的功能,比如京东就曾经在一次"6·18"活动中发出了总计10亿元的红包,引发了大众的关注和分享热情,取得了非常好的营销效果。此外,移动、联通、电信这类企业,更多是通过送流量送话费的形式来增强用户们的自主传播意愿。

(二)利用助人心理和同情心进行传播

除了直接发红包外,还有一些助力活动也在微信群和朋友圈中屡见不鲜。比如抢火车票时通过分享和好友助力可以加快抢票速度,借助好友点击可以获得更多砍价优惠和折扣,等等。通过用户交际圈中的交情和助人为乐的心理,社群传播和自主传播也发挥出了不俗的效果。

而与此类似的,利用人们的同情心理进行公益转发也很常见,比如QQ空间、朋友圈中常见的水滴筹募集活动,通过转发让更多人奉献爱心,也让更多人知道了水滴筹这样一个公益平台。

这一种模式的运作在微博、朋友圈、QQ空间、淘宝等多个平台都可以看到,可见其普及面和受众并不仅仅受限于小范围的交际圈中,对于大多数人来说,对于这样的举手之劳也是非常乐意参与的。

(三)通过交际和情感共鸣引发传播意愿

在重大节日到来时,商家们进行的节日营销或者借势营销活动中在各大媒体平台也是各显神通,在各类创意中,利用人们对于节日的情怀来大做文章是较为常见的营销方式,尤其是人们对于节日的仪式感能够在这期间产生更为强烈的共鸣。比如母亲节大多数品牌都会着眼于"母爱""感恩"这类话题,通过一些场景、故事的设计,让大多数人都能够感同身受,而端午这类传统节日更多的是着眼于传统文化和家国情怀。五芳斋作为一个较为知名的粽子品牌,曾经就在端午节通过一支端午送粽子的微信视频中传达出了品牌对于大众的祝福,同时也在视频中传递了中国传统文化,也让其品牌文化在其中凸显出了存在感,获得了很多人的分享。

除了节日情感营销外,在生活真情、品牌故事上也可以打感情牌,通过对一些具有真实感的故事来打动人心,唤起消费者心中的情感共鸣,也同样能够让品牌深入人心,并在品牌与消费者之间建立情感上的联系。

(四)发布重大、即时新闻消息吸引关注

人们对于即时通信工具和媒体平台的持续关注有很大一部分是出于获取信息资源的便利性,很多资讯媒体拥有较为可观的稳定粉丝量,必然拥有一手新闻资源,或是在看法意见上具有独到之处。通过重大、即时、持续跟进的新闻消息来获得流量,保持客观、公正、深度等特性,是当下很多新闻媒体都在追求的目标。而除了先天承担着一部分社会责任的新闻媒体以外,一些圈子中的"传声筒""营销号"等账号,也需要借助一些"爆料"和争议言论来博眼球,获得更多的粉丝和互动量,从而增加更多曝光度。

无论是重大的新闻事件,还是不同文化圈中的名人轶事,人们备受关注的一些信息对于媒体来说就是引流和吸粉的最佳手段,但这样的硬性要求并非大多数媒体都能做到,需要有雄厚的实力、资源和人脉,在这方面才更具有优势,而如果为了吸粉不择手段哗众取宠,是无法赢得口碑和美誉度的。

(五)抓住人们的好奇和虚荣心理

在营销心理学上,微营销可利用的大众心理有很多,除了同情心和情感共鸣外,人的好奇心、攀比、虚荣心等一些心理,来吸引用户进行关注或者分享传播。例如,在玩游戏时,我们经常可以看到分享战绩的按钮,而一些商家为了吸引消费者,经常会推出心理测试这类的游戏,为了就是迎合大众的好奇和自我探求的心理。而通过这些心理测试可以让大众产生更多分享自我和社交的乐趣,从而激发用户们的自主传播。

除了心理测试游戏外,到了年末各种年度榜单也开始充斥在朋友圈、微博和QQ空间,这种对用户个人行为习惯的总结也勾动了很多人的探求和分享心理,比如支付宝的年度榜单可以让自身和亲朋了解自己

的消费习惯和状态,而 QQ 音乐、网易云音乐的年度榜单也同样展示了用户个人的兴趣品味,加强了对自身的认知,同时也为社交创造很多可聊的话题。

(六)新奇有趣、有用的内容

微营销中最为看重的是创意营销,并通过实际的内容展现和奏效,对于大多数人来说,借助这些平台最主要是用于日常社交和娱乐,所以创意、有用的内容是可以吸引很多用户的注意力的。

在当下,有意思的段子、视频,有用的干货、技能知识,接地气的真实生活、日常趣事等,都是较为热门的内容类型。通过这些具有创意,或是实用亲切的内容,人们能够获得及时的收获或是增长更多见识,得到更多的情感体验,这种间接性的利益对于当下的网络用户来说存在着无形的引力。

(七)游戏思维

人们的游戏思维,在游戏中追求快感和成就感的一种心理也令很多商家在进行微营销时添加很多游戏元素或环节,通过游戏的玩法和奖励吸引用户尝试,一般这种游戏在操作上都较为简单,非常适合在碎片化的时间进行,短小有趣,很容易消磨时间,还容易上手体现出一定的能力。比如曾经红火一时的微信游戏跳一跳,就成功地占据了大多数了碎片时间,而其中品牌的众多信息也随之在用户心智上留下了一定印象。

三、企业微营销的策略

现在越来越多的人都开始做微信营销,网上也有很多关于微信营销文章,还有专业的培训机构教你如何做微营销,人人讲微营销,大家都在做微营销,那微营销到底应该如何做呢?这里给大家作一个分享。微营销的种类和模式五花八门,甚至还有更多的形式内容等待着商家去发掘和创新,做好微营销,除了可以参考以上这些常见的具体模式外,还需要记住基本的一些步骤和重点。

(一)挖掘目标平台用户的深层次需求，找到与品牌相契合的群体

但凡是营销，都必须弄清楚品牌所针对的用户群体是哪些，而要确定这一群体，就必须了解品牌自身的个性和所追求的价值理念，一般来说，品牌所面对的群体应该与品牌自身的核心价值相契合，有达成双赢的可能。

微营销是网络经济时代企业营销模式的一种，是伴随着微信的火热而兴起的一种网络营销方式。微信不存在距离的限制，用户注册微信后，可与周围同样注册的"朋友"形成一种联系，订阅自己所需的信息，商家通过提供用户需要的信息，推广自己的产品，从而实现点对点的营销。

微营销的核心手段是客户关系管理，通过客户关系管理，实现路人变客户、客户变伙伴的过程。微营销的基本模式是拉新（发展新客户）、顾旧（转化老客户）和结盟（建立客户联盟），企业可以根据自己的客户资源情况，使用以上三种模式的一种或多种进行微营销。

(二)满足目标用户的多层次需求，体现出品牌和产品的价值和利益点

确目标群体后，品牌还需要针对目标人群的特点和多层次的需求，来做出相应的营销活动，对症下药投其所好，凸显出品牌或者产品能够带给消费群体的价值和利益点。在这一过程中，品牌需要注意的是对消费者在实用、个性和情感上的多重需求进行分析，尽量在产品和品牌形象上做到面面俱到，提升吸引力；而在分析和深入的同时，可以将目标群体进行细分和精准定位，可以更加细致地契合多种群体的需求。

微营销是现代一种低成本、高性价比的营销手段。与传统营销方式相比，"微营销"主张通过"虚拟"与"现实"的互动，建立一个涉及研发、产品、渠道、市场、品牌传播、促销、客户关系等更"轻"、更高效的营销全链条，整合各类营销资源，达到了以小博大、以轻博重的营销效果。

(三)提升内容的丰富性、趣味性和创意性，吸引用户的注意和传播

利用移动网络进行社会化传播，就必须要借助社交和媒体的作用，

而要激起媒体和用户的主动关注和讨论,引发话题热度,就必须要在内容上下功夫。借助移动网络平台的内容分发功能与形式,投入创意打造出具有丰富性、趣味性的内容,吸引用户们的关注,通过社交功能和交际圈,将内容进行病毒式的传播,从而令品牌的传播度更广更深。通过内容的传递,品牌也更加具有深度和认知度。

微营销商家们利用移动网络的便利和普遍性来进行快速、低成本传播推广的有效方式,也是当下非常主流的网络营销手段,借助移动互联网的传播社交功能进行高效率的社会化传播,值得越来越多的品牌进行尝试。

微营销的发展不断扩大,这是时代的潮流。也因此现在国内各大品牌,韩后、百雀羚、韩束以及国外知名品牌凯伦蒂娜、珂林迪澳、碧洛诗、琢雅等都陆续开发了移动端的销售平台,微营销的多渠道扩大都使其发展更迅速。

第二节 微营销的团队建设

团队建设是什么?简单理解就是:有组织,有预谋。现在的微营销,就处在从"无组织、无纪律"走出来的时期。依靠"微店主"刷屏和消息群发,效率太低,也不能再吸引人了;而就企业来说,靠自己的"老总"在搞"微博自明星"、或者开个简单的公众号,也撑不起一片天来了。早就有网友戏称,一个惊天动地的"网红"背后,都有一个巨大而高效的团队在偷偷"开天遁地"。微营销团队建设营销的目的是构建一个全方位、有层次、多角度的营销框架。微营销的团队建设应该串联起各个环节。

为什么必须将微营销团队建设?俗话说,大树底下好乘凉。都是社会人,营销是社会化的活动;社会是团队建设的,那么营销也必然处在一个或许还尚未完整发掘出来的团队之下。那么团队建设之后的微营销,到底具有一些什么样的优势呢?这就需要深入了解团队建设的特色与核心内容。

一、微营销团队建设的特色

团队建设营销打破了传统的单点突破的营销方式,从而提高营销效果和获取健康的盈利,并实现持续发展。从一个点或一条进行单点、单线的突破,将某项长处发挥到极致,而难以补足自己的短板,以及无法让每一个营销要素都一起增强。团队建设营销将团队的观念和方法运用于营销活动,将营销各个方面、各个环节、各个阶段、各个层次、各种策略加以系统的规划和整合,使之成网,而且强调各种营销资源的内部互动,使所有具备营销价值的因素合力产生更大的营销效力。

(一)综合性

团队建设营销实际上就是把各分离的营销要素结合成一个更完整、更和谐的整体,以各营销要素的紧密合作或统一为特征进行营销。各个营销要素以企业营销目标为中心相互兼顾、相互联系、相互协调,使整体营销效果达到最优。团队建设营销追求多渠道齐头并进,而非将企业的身家性命及主要营销资源仅仅维系在某点或某线的营销要素上。简单来说,每一个企业或商家的团队建设营销,都包含了产品、包装、价格、渠道、广告、传播、队伍、服务、品牌、组织、管理等很多方面。

每个方面不仅是缺一不可的,还是完整的,而且各个要素之间还能很好地协调配合,使各种要素的作用力统一方向,形成合力,发挥$1+1>2$的功效。所谓的各部门协同作战以满足客户的利益就是团队建设营销的运用,要握起拳头而不是十指张开出击,这样威力就大得多了。

(二)动态性

在团队建设营销模式下,企业的营销团队是一个开放的系统,不仅强调所有营销资源与消费者、商家等利益关系人的相互沟通与协调,还强调各种营销资源的内部互动,使所有具备营销价值的因素合力产生更大的营销效力。团队建设营销站在企业的角度,强调从满足客户需求出发。

在使客户达到高度满意的过程中实现目标,而这一过程又是漫长和动态的,决定了团队建设营销具有很强的动态特征。在团队建设营销模式下,无论是在营销的细微环节,还是在比较宏观的层面,营销动态性的表现无处不在。营销活动会根据各种影响因素的改变而及时进行相应改变。

(三)可控性

团队建设营销的可控性,是由其综合性和动态性所决定的。处于环环相扣的组织和策略之下,只要脉络清晰,往往可以达到牵一发而动全身的效果。在一个点上的突发事件,可以由大脑中枢控制,周围的组织进行弥补和覆盖修补,将损失减小到最低;而不是简单地拆东墙补西墙。

二、微营销团队建设的核心内容

团队建设的特色决定了其运作模式,那么在团队建设的微营销运作中,什么才是最为关键的内容呢?全员营销是当仁不让的第一位。何为全员营销?绝不仅仅指将营销的职能扩展到整个企业或团队中,而是向外延伸到客户群体中去。其次是多点突破。这一点很好理解,就是不要将营销的重心放在一个方面上,而忽略了其他角度的互补,这一点也是与团队建设综合性的特征相对应的。[①] 最后,也是最为关键的地方在于思维。无论是哪一种商家,都不能忘了客户最想要的是什么,永远都是产品的价值,把提供价值放在首要位置,千万不能和吸引客户眼球本末倒置。这是整个微营销团队,甚至可以说是整个互联网商业之中,最不能忘记的根本。

(一)全员营销

传统的微营销,将职能划分得相当明确。或许很多人都发现一个问题:营销的人手总是不够的。于是很快,全公司的人都被"抓来"做营销了,但往往效果依然很不好。渐渐地,营销人员开始策动身边的熟人和老客户了。

(二)多点突破

顾名思义,多点突破就是从不同的角度策划营销。这里不只是要在

---

① 林潦. 整合的力量:从微营销到微体系[M]. 北京:机械工业出版社,2016.

工具上多点开花,还要在营销手段上进行整合。例如,情感营销搭配体验式营销,就有了小米粉丝群中的荣誉开发组,他们为技术开发献计献策,参与感带来荣誉感,因此,也十分乐意为小米手机去经营其他粉丝。

(三)提供价值

作为营销从业者,始终不能忘记以产品为本,以价值为根。过分吸引眼球不仅是过度营销,还是对产品和客户的不负责。如果吸引眼球提供价值,极有可能会引起营销受众们强力的反弹,而这种在信任之上的伤害或背叛,往往是难以弥补,甚至无法挽回的。

三、建立微营销团队的必要性

在经济学中,营销从来不是简单的广告,而是一种完整的商业模式,或者说一个团队。营销主体是商家,载体是广告,受体是客户,本体是产品。载体承载着本体,化身成为信息,在互联网时代它游走在虚拟与现实之间;两头是商家自身与客户两个群体,四者缺一不可。因此,想在"微时代"做好微营销,就必须学习如何将微营销团队建设,这也是拨开迷雾、突破困局的支点。

(一)个人能力有限

个人的能力、精力都是有限的,且看熟悉的那些明星、企业家的账号和认证微博,很多都并非一个简单的个人社交平台,而是一个由工作室或经纪人公司操持的"公众号",他们发个博文都要和背后的团队交流,否则很容易酿成公关危机。

(二)单平台影响有限

每一个媒体平台都有固定的粉丝分类,或是年龄群、或是职业群,想要扩大影响力,就得多线作战。再以名人为例,他们大部分都会开通如微信、微博,以及粉丝为核心的贴吧、QQ 群等一系列推广平台,其全部围绕一个人或团队打转,这就是最简单的团队建设。

（三）虚拟现实有区别

虚拟平台，无疑是将即时感和互动感作为最主要的卖点，开通之后能够长时间维系在公众间的影响力。然而，虚拟的距离感始终会造成热情递减的效应，如果隔三差五不搞个线下的见面会的话，慢慢就会冷下来。团队建设需要"海陆空"三军齐头并进。

四、微营销团队作战六一法则

微营销，是一个完整的团队，自然就有规矩需要遵守。想让自己的营销效果进一步突破，就必须把这些规矩研究清楚、分析透彻：立体感、层次感、主客关系，都是值得推敲的。有线上也不能放弃线下，开通公众号也别忘了粉丝群，最后，切忌孤军奋战。

那么微营销到底涵盖了哪些规矩和法则呢？可以从微营销团队的六个环节来入手。增值服务（客户体验）、产品推广（辐射扩散）、市场选择（区域作战）、舆论导向（痛痒刺激）、品牌树立（脸面整形）、内部提高（关节强化），这六个环节从最前到最后，是呈现出与客户（客本位）直接距离越来越远，但却和商家（己本位）越来越近，按数字6、5、4、3、2、1排列，简称"六一法则"。

根据现代经济学中的经济距离（距离越远营销效果越差）和网络营销学中的距离经济（间隔周期越短效果越直接，但持续性越差），可以得出两组有趣的结论。

（一）空间距离论：以客户和商家之间的距离为核心，客户为原点

客户体验是直接接触产品，距离为1，能够在线下体验到产品，是最为强力的营销手法，这是虚拟服务无法比拟的。

辐射扩散可以简单地理解为产品广告，距离为2，客户可以看到和理解，效果次之。这两者可以说是在客户的"射程范围"之内的，客户感官享受，直接决定了营销效果。

区域作战是做产品市场调研，距离为3，虽然调查群体是客户，但不直接作用于客户感官，而是作用于产品选择，选择到位，能增加客户群体

的数量。

痛痒刺激是引导市场,距离为4,通过制造或利用舆论的力量,通过操作市场风向来带动客户消费。这两者是需要大量操作的间接影响。

脸面整形是树立品牌形象,距离为5,这对于客户来说基本没有可控性,商家占主导,通过提升品牌影响力,在无形之中吸引客户的购买意向。

关节强化是升级企业管理,距离为6,这是客户完全看不到的东西,但却关乎了前五者的操作性,团队管不好,那就什么都不用开始了。

(二)时间距离论:以商家的运作周期为核心,以客户为最小值

客户体验是进店购买,由商家面对面营销,时间为6分钟。嘴皮子磨得好,几分钟就能够把产品给卖出去,周期最短,但影响范围只有店面内,不具备持续性。辐射扩散就是做线上推广,持续5小时。文案做得到位,几个小时内会有一波疯传。这两者是短周期的营销活动。

区域作战要绑定物流,线上交易后4天内可以到货。依靠地域优势,利用物流,几天就可以把产品扩散到全球。痛痒刺激是提升曝光率,制造或利用热门话题,可以获得3周左右的保温期。善于借势,就能够延长营销寿命。这两者属于多平台合作下的中周期营销策划。

脸面整形是文化营造,提升商家魅力,时间为2个月。投资公益,一个季度之内就能收获相当不错的风评,但短期回报小,投资较高,且需要日常维护。关节强化是维持内部稳定,周期为1年。制定好的年度营销战略,在一个年度结束时,所收获的就是无形的利润。

第三节　微营销的内容策划

通过微营销,跟大家交流想要推广的信息,这样就可以达到营销的目的。企业在实现正确的定位和内容策划方面应注意以下几点。

一、找准自己微营销品牌位置

企业微博是需要定位的,也就是找准自己微博品牌的位置。这和企业品牌的整体定位是一致的。只有找到自己的位置,才能明确自己经营的方向。这是一个从 A 点到 B 点的思维过程。那么,微博如何才能实现正确的定位呢?下面总结了微博定位的四要素。

我是谁——企业的品牌愿景是什么(找到企业自身价值);我想说什么——企业微博的目的和内容(什么人说什么话);我对谁说——企业的目标受众在哪里(对什么人说什么话);我的脸谱——如何让别人快速找到我(贴标签、树形象)。

下面我们一一分析这四要素的具体要求。

(一)找到企业自身价值

"我是谁"的问题,就是问企业品牌的愿景是什么。这是每一个企业微博经营者首先要弄清楚的问题,因为微博是为这个终极愿景服务的。企业品牌发展的愿景也是企业微博营销的目标。

著名的戴尔公司之前的营销模式是通过自己的官方网站进行宣传和直销。但是官方网站的推广有一个问题,就是戴尔经常会推出新产品,也经常有促销活动,仓库里的库存也时常变动,但仅仅在自己的网站上的宣传存在访问的局限性,影响的人群也不够广泛,这与其力争成为全球领先的 IT 行业制造和服务供应商的发展愿景不符。这时戴尔发现了微博。2007 年,戴尔公司在 Twitter 上注册了许多账号,每个账号一个专门的内容,产品信息的账号专门发产品信息,指定给特定的受众看。各种各样的多媒体图片和性能比较图表,做成了幻灯片形式的广告。这些都能充分地激发顾客的购买欲望。在此基础上,还通过微博平台与粉丝的互动,建立了无中间商的直接销售模式,减少了二次安装和二次搬运,使计算机发生故障的可能性减到最小,同时也减少了二次加价,利润空间也得到进一步提升。通过这个案例,我们发现正是戴尔公司明晰了自己的发展愿景,并采用"是否符合这个愿景目标来评估公司"的宣传策略。因此他们选择了微博,并在微博的经营中通过建立微博矩阵将内容精准化、条理化,使自己的品牌形象因定位精确而得到了有效传播,创造了商业价值。

(二)企业微博的目的和内容

我是干什么的?我应该说什么话?这是在回答完"我是谁"后的第

二个问题。找准方向之后，就是规划具体内容了。因为企业微博的内容决定了关注度和粉丝数量，粉丝数量和转帖数量决定了微博营销的成败和效果。所以说，想说什么非常重要。我是干什么的，我就得说什么话。这是对企业微博的刚性要求。借助时尚热点、应时微博、嵌入产品，达到微博和企业的有机融合，广告效果自然也就显现出来了。

（三）企业的目标受众

我的目标受众在哪里？我要对什么人说？这是企业微博的第三个要素。"欲取鸣琴弹，恨无知音赏。"找不到知音，有鸣琴也无可弹奏，对牛弹琴则白费心思。找不到目标受众，企业微博自说自话，说得再好，也无法实现品牌传播的目的，白花时间和金钱。想说的话，一定要找到想听的人。一般来说，适销对路是产品销售的基本法则。但是，现今的市场营销早已颠覆传统模式，向"和尚推销洗发水""女人推销剃须刀""男人推销卫生巾"等成功的逆向性营销案例，早已说明营销成败的关键不是产品，而是技巧。这就是所谓的见人说人话、见鬼说鬼话。对不同的受众，要使用不同的话术，寻找不同的切入点，实行不同的营销方式。微博营销，虽然不是点对点、面对面的精准营销，但你的粉丝就是你的市场，你长期且一直坚持互动的粉丝就是你的拥趸，这些粉丝会从喜欢你发布的消息、传播的热点到主动认可你的观念、观点，在潜移默化中接受你的产品。

网络营销的方法和案例非常多，一个好的创意是网络营销活动的灵魂。事件营销就是通过制造具有新闻价值的事件，并让这一新闻事件得以传播，来"转弯抹角"地做广告，达到广告的效果。比如某公司要推广某一款网络游戏，使用知名度高的明星代言往往需要较高的费用，推广的广告费也不菲。而如果通过事件营销的方式，用一个知名度很高的网络红人来代言这个网络游戏，不仅仅可以节省大量费用，还可以以低廉的成本进行网络推广营销，事件营销的效果和产生的推动力也往往比其他营销方式要好得多。

（四）贴标签、树形象

微博的名字就如同一个人的名字。有的人是因为某一事件出名，有的人是因为公众人物的身份出名，有的是因为在所从事的领域成绩斐然出名。微博也一样,想让人在浩如烟海的微博账号中找到你并关注你,就需要一个聚焦点。这个聚焦点就是脸谱。名人微博因其高地效应,出名和被关注相对容易。以潘石屹秀房产为例。在新浪微博人气榜上企业家里,SOHO中国董事长潘石屹的粉丝量曾经位列榜首。这其中缘由一方面有赖于名人效应,另一方面当然也是因为他背后强大的产业作支撑,名字和背后的产业都是脸谱,是他微博的脸谱,他微博的信息量之大、价值之高是业内关注的焦点。房产商可以向SOHO总裁潘石屹这些房产界内外都吃得开的"偶像级"人物请教一二,甚至有好项目大家可以一起合作。SOHO号称手握200亿元的现金流,在博客以及微博上也在广发邀请函,只要有好项目,他愿意带着钱来。

潘石屹常在微博上图文并茂地"宣传"SOHO中国的项目以及公司的业绩,甚至连公司招聘等事宜都在微博上挂出,加上妻子是SOHO中国的CEO,二人夫唱妇随为SOHO中国的项目赢得了不少口碑。而万科前董事长王石则很含蓄地为万科说话,他会把万科赞助的比赛活动和他热衷的户外运动结合得很好。而之前一直远离微博的冯仑,也加入写微博的行列,名号为"冯仑and风马牛"。但从博文内容来看,更多的作用是宣传,而非冯仑自己的专用微博。

二、新媒体内容营销的要点

(一)取名是一个必须重视的问题

随着微信公众平台数量的增加,企业公众账号如何脱颖而出,并牢牢地抓住用户成了很多公众平台的重要目标。有句话说:病毒营销的关键不在渠道,而在内容。因此,在公众平台盛行的时代,内容才是王道。因为每天推送一条信息,内容如果能做到性格鲜明、与众不同,必定会带给用户不一样的体验。这就是我们常说的"内容营销"。

在说内容选择之前,我们来谈谈企业公众账号名字的规划事宜。对于企业公众账号来说,取名更是一个需要重视的问题,因为它直接决定企业给用户的第一印象。

1. 企业微信账号越短越好

微信名可以重名,但微信账号却是唯一的,如果自己喜欢的号被别人抢注了,那就只能换别的了。企业微信账号通常以企业名称、企业品牌、企业网址等为首选,最少包含 6 个字符。企业微信账号越短越好,因为越短越直接,容易被记住。

2. 微信账号介绍易懂好记

企业微信账号的介绍,其实就是企业的自我介绍,是企业面对微信用户的第一张名片。所以,这个介绍的最终目的,就是让用户记住自己,才算成功。所以关于企业微信账号的介绍一定是基于企业可以给用户提供什么服务和带来什么价值的基础上,用最简单易懂的话,把这个服务和价值描述出来,这样才能更直接地吸引目标用户。在企业微信账号介绍里,也不要直接描述公司简介和主营业务,而是直接提供给用户他们关注的内容,如活动、促销信息等。

3. 官方认证加强权威性

官方认证可以带来四个好处:一是用户在搜索关键词时,经过认证的公众账号会排在靠前的位置;二是经过认证的公众账号会带给用户权威感,更值得人信赖;三是可以避免各种山寨版的企业公众账号,不少商家在进行公众账号认证之后,粉丝数量都极速上升;四是腾讯在开发功能上向认证版倾斜,一些对企业宣传很有利的功能是不对非认证用户开放的。如果想把企业微信平台做到一定高度,官方认证是必经之路。

(二)企业微信内容的分步骤规划

在提到微信内容的规划与选择时,我们首先要弄清的问题是:用户关注微信账号的目的到底是什么? 用户希望获取什么? 只有了解清楚这些问题,我们才能更好地进行微信内容的规划与选择。目前,中国微信用户关注微信公众账号的目的主要分为优惠信息、热点话题、娱乐、社交、其他五大类。大部分用户关注公众账号:第一需求是为了获取优惠信息或独家信息,第二需求是为了关注热点问题,第三需求则是为了娱乐或打发时间。

对企业公众账号而言,当内容有实用性、贴近性、趣味性,并满足用户分享的满足感时,微信营销可以说就成功了一大半。具有上述特征的内容,用户会主动分享,从而辐射到用户强关系链上的好友,促发更多基于真实关系的传播。

而当企业微信中有过多垃圾信息、广告,或者信息不实用、没有新意、重要性不足、篇幅过长、时效性不强等问题时,用户大多会取消关注。用户看重公众账号提供的内容,所以企业进行微信内容策划时关键是要提供优质、可靠、新颖的信息,抓住用户所需,推送符合用户口味的信息。对于企业来讲,企业公众账号发什么内容、什么时候发、要不要和用户互动、用什么措辞等都值得考虑。所以,在规划微信内容的过程中,对内容选取范围上的制订应当创新,这样后面运营的时候才能得心应手。一般情况下,就企业微信而言,其内容规划大致可分四步。

1. 内容定位

定位是公众平台内容规划时最先需要做的,没有定位就没有起点。在内容定位过程中,商家需要结合品牌定位总结出品牌的格调,也就是品牌定位下目标用户对品牌的看法或感觉。我们可以通过提炼关键词的方式提炼出我们平台内容的定位。比如山东朱氏药业集团有一款森顿前列腺磁热贴,其品牌定位是"舒筋活血、固精理气",打造适合中国白领使用的健康养生贴膏。那么我们从中提炼出的关键词是什么？就是"传统中医文化、年轻、活力、养生、方便"等这些内容。那么我们在微信的外观设计和内容选择上,就应该以此为主题。在内容上就要选择和城市白领阶层生活接近、相关的部分,如工作运筹、职场规划、生活美食、养生瑜伽、户外旅行等。其中针对青年白领养生方面就是关键内容。职场中的男人和女人,都会特别关心自己的身体健康,希望这个磁热贴能给自己的健康带来好处。

这就是"需求点",抓住了这个关键点,企业微信定位才算精准到位。如果企业的品牌是单一的,也可以和市场中同类的产品,尤其是竞争对手的产品进行比较,从中找出自己的个性之处,作为实施差异化定位和品牌传播的基础。如果企业有多个品牌需要规划,那么可以把这些品牌进行横向对比分析,从品牌定位、品牌内容到品牌个性。这个过程也是对企业品牌理解不断加深的过程。

2. 内容筛选

有了正确的定位,内容的筛选就是第二个关键环节。我们会发现很多内容都好像可以入选,而且还都觉得比较不错。还是接着前面举的"磁热贴"的例子说,在这个内容的选择上,中国贴膏贴剂文化太丰富了,职场工作的内容也太丰富了,是不是都可以入选其中呢?这里面有一个"量体裁衣"的问题,有些不符合平台定位的内容是不能用的,有些内容需要文字加工调整角度后才能用,这是有讲究的。我们可以从以下几个方面来考量。

(1)关联性

内容和企业所处的行业有一定关系,同时能和品牌产生关联性。比如我们说中医、膏药就和磁热贴本身有很强的关联性。我们也可以在其中植入企业的品牌因素。

(2)趣味性

人的本性是追求快乐的。有趣、好玩满足了人的天性,永远也不会过时。比如在养生茶的平台分享"狗皮膏药名称的由来"的故事就比简单讲膏药的好处更容易吸引眼球。

(3)实用性

用户读微信的主要目的,除了愉悦身心,还有就是获取资讯和帮助,比如信息服务、生活常识或者折扣信息等。如果我们在森顿前列腺磁热贴平台上发布了膏药优惠的信息、贴膏促销活动的信息,并讲述如何通过贴膏治疗身体的某些慢性病等,那么读者就很可能成为消费者或者实践者。

(4)独特性

平台没有个性,就没有了品牌的构成基础。比如,我们说这个前列腺磁热贴,就和别的膏药甚至别的前列腺磁热贴不同,无论工艺、外观还是药用价值都不同,给用户创造的消费体验也与众不同。在此基础上,我们就很容易做其品牌的宣传,内容的筛选也变得很容易。

(5)多媒体性

微信平台给内容表达提供了丰富的多媒体手段,如文字、语音、图片、微视频等。作为养生茶,除了用"文字+图片"的方式阐述内容,也可以编成茶歌录制成音乐或者拍摄成 MV 都可以,甚至可以制作一个微电影插入文章里面播放。

（6）互动性

这是对所有平台的要求。只要是一个有生命力的平台，都要坚持长期不懈地和自己的用户互动，内容可长可短，态度亲切自然，交心就好。

（7）新闻性

不是所有的话题都要求有新闻性。但绝大部分资讯类话题对时效性是有较高要求的。尤其如果我们的内容巧妙地融入了本地或者当前社会的热点话题，那么就可能形成新的信息源，会吸引大量的粉丝关注和主动分享。这对企业的品牌传播是非常有利的。所以研究如何借热点事件进行品牌传播也是策划的重要内容之一。

内容的筛选对微信的互动起着重要的作用。只有内容体现出价值，才能引来更多用户的关注和热爱。除此以外，企业官方微信在筛选内容的过程中，应尽量避免一些有政治或者宗教倾向的内容，以及未经证实的内容和极具批判性的内容。官方微信同样也需要顾及企业的品牌形象，不可随意发布带有浓厚个人色彩的内容。

3. 内容编制

做好内容定位，确立了内容筛选的范围后，接下来就需要对内容进行编制和管理了。其中，按照内容特点分类，我们可将微信内容分为下面几种类型。

（1）专业知识型

此类平台内容是有专业知识要求的，与生活常识有一定的距离，需要专门学习才能掌握。比如户外、母婴、电器、家居、保健、汽配等行业，读者自然会要求在内容编排上多分享一些专业知识类的内容，因为读者的学习目的很明确。这一类平台的难点在于，如何把很有技术含量甚至充满专业术语的问题用深入浅出的语言表达出来，让读者理解掌握。这不仅需要精通行业本身，同时还要有过硬的语言表达能力。

（2）娱乐搞笑型

这一类明显就是让人放松休闲的内容。无论是冷笑话还是各种流行段子，成人故事或者搞笑动漫，都是让人在愉悦中感受生活道理的作品形式。此类内容可以通用到几乎所有平台的内容组合中，起到"葱花调味"的作用，而且还可以和商品实现无缝对接，完成不错的结合。

（3）促销活动型

这是最常用的类型，比较适合代购类商品、日常必需商品、快销商品、标准化商品,一般无需太多技巧,直接推销的效果就不错,但也要及时调整内容长度和发送频率,避免引起用户反感从而取消关注。现今,朋友圈已经变成了"跳蚤市场",人们对硬广告越来越反感,画龙点睛式的促销活动文案才更受欢迎。至于小众商品、外贸原单商品、高端价位商品,本来就属于小众消费,其平台文案则要更倾向于小资情调。这种促销充满了文艺情调,文字比较另类、独特,在平台上不多见,但一般都很耐看,转发和阅读率也并不低,营销效果也很不错。

(4)信息播报型

这个有点类似新闻传播的性质,但内容不局限于新闻本身,常用在商家上新、预售、抢购、拍卖等活动中,一般自身的亮点不太多。其编排的难点在于发送的信息是否切中了用户的需求。还有就是注意不要传播未经核实的小道消息,一般不要涉及宗教和政治敏感内容。

(5)关怀互动型

比较适合针对老用户,如发货提醒、生日祝福、互动小游戏等内容,如果加上些优惠券什么的,都是不错的方法。此类内容的难点在于如何做到关怀的"个性化",平台需要掌握老用户的消费记录和个人基本信息及生活习惯等内容,在发送关怀信息时,做到有针对性、个性化,用户才会有更深切的关怀体验。

内容的产生,既来自平台的主动收集,也来自平台与用户的真实互动。这其中的工作量也是很大的。需要平台根据自身情况安排人力、物力给予保障,或者组建专门团队和项目外包。

4. 内容推送

公众账号的后台可以获取订阅用户的全部信息,并提供了强大的订阅用户分组功能,可以按地域、性别、喜好、需求等不同的类别分组,这为信息的分组精准推送提供了可实现的渠道。

分组推送即公众账号在群发消息时,可以选择性别、分组、用户所在地区等属性,或者根据消息的类型和地域进行有选择的定向投放,将消息发送给某一类用户。例如涉及某市的公共政策,其他地区的用户可能不太关注,就可以单独向当地的订阅用户推送。分组推送一旦实现,能够避免用户的信息过载,让各类信息资源发挥相应的最大价值。

三、微营销内容策划法则

我们都知道微营销发送的内容,是很多营销环节中最重要的一个环节之一,也是难度最大的一个环节。目前形势,太多的心灵鸡汤让我们反胃,太多的复制粘贴我们会感到厌倦,可见内容不好,不仅营销效果不好,而且掉粉厉害。内容好,不仅营销效果好,会增加客户黏合度,还能带来新的粉丝,所以要非常重视这个环节,现在摆在我们面前的首要问题是,怎样才能制造与众不同的内容?怎样使我们的品牌真正的在微营销的平台上发表自己的想法呢?吸引客户内容的法则又是什么?

(一)跟热点要有"狼性"

网易新闻每天都会向我们发送当日的热点,主流媒体也会关注当下一段时间的热点,之所以主流媒体都在关注,说明很多人都愿意关注,所以我们的内容涉及力争要紧扣这些热点,这一点我们也可称之为事件营销,这些事件、热点可以是社会热点问题,也可以是突发性事件或政府文件、科技成果的发布,也可以是重大节日。比如在神舟飞船升空,举世瞩目,一些企业就借势炒作,如"航天员专用牛奶""航天员愿意选择的住宅"等,也取得不错的效果。

(二)以"假"乱真,赢得客户的信任和尊重

读者购买报纸,主要看里面的新闻,而不是看里面的广告,所以我们微营销发布的内容要像新闻一样,以假乱真,增加内容的被阅读的记录和可信度。比如,写一个关于治疗糖尿病的秘密配方的文章,我们就可以按照新闻的形式来撰写,文章主标题是《故宫博物院惊现百年前治疗糖尿病的秘方》,副标题是《故宫博物院整理历史文化遗产,宫廷御医贡献祖传秘方》,这篇具有新闻性特点的信息,肯定会吸引关注新闻的人士及患有糖尿病的患者和家属。但要注意,这样写的目的不是欺骗消费者,要以充分的事实为依据,否则会得不偿失,我们的目的是快速吸引潜在用户的注意力。在眼球经济时代,用户的眼球非常重要,能迅速吸引消费者的内容,可被称为好内容。

（三）生动、有趣是王牌

前面我们也提到过,现在人的工作、生活压力都很大,拿起手机更多的是为了寻求娱乐,高大上的论调,人们不愿意倾听,更多的人会选择让他们不动脑的信息,所以我们对微营销内容的定位,就是要求生动、有趣,带给人们以快乐,如何制作生动有趣的信息,后面的内容我们会涉及。

（四）不能缺少人情味

销售就要像充满感情地讲一个真实的故事一样,让读者融入其中,使其在听故事时无形间接受产品信息。人是有感情的动物,动之以情就会增加内容的真实性,内容有血、有肉、感人,就可吸引大量的消费者。

（五）设置悬念,牵着消费者的"鼻子"走

电视剧之所以吸引人,是因为你看完一集。总会留给你一个悬念,使得你不得不去看下一集。最终看完全集,就是到大结局的最后,也许还有悬念没有真正解开,看的人纠结并快乐着。制造微营销内容的时候,也需要注重这点,也可以把这些内容设置成一个长篇连续剧,设下一些目标消费关注或设法引起其关注的问题,而最终解开谜团的时候,也就是我们宣传的产品出场的时候,此时也可以继续设下悬疑,抓住消费者的好奇心,促使其继续阅读下去。当然重要的是合情合理,这是一个需要智慧的工作,故弄玄虚,只会带来读者的反感和不买账。

（六）简单为王

没人喜欢看繁复的内容,微博只有 140 个字,传播效果十分明显,微信的篇幅也不能太长,微视频都不会超过 20 分钟,可见简单,小微是微视频内容的主要特点,现在是个碎片化的时间,人们在等车、吃饭的时候,会拿出手机,看看一些信息,长篇大论、繁杂琐碎的内容,人们是不会买账的,所以我们制造微营销内容,切记简单为上,当然这也是微营销最大的优点——让客户在简单的生活中,享受快乐轻松的购物时光。

(七)水乳交融,与消费者互动

微营销内容力争做到与目标消费者产生互动来达到提升传播效果、促进销售的目的,任何人都无法抵御免费的诱惑,所以这些通常是一些奖励,调动起参与的热情,比如,正确回答出所提出的问题可赠送礼品、有奖征文等形式。我们还可发表一个长篇大论的介绍产品的文章,看似臃肿、参数、教科文似的文字,别人是不愿意阅读的,我们可以让读者在文章当中找错别字,找到一个错别字,奖励相应的优惠券等,以这种形式促使他们仔细通读我们的内容。

四、微营销制胜的四大特征

微营销的内容只要有创意,能吸引客户,便可以称之为一个成功的微营销案例。我们对国内微营销中关注度比较高的一些案例,进行分析,发现他们有以下四个共同点,我们称之为"4I":Individuality(个性)、Interesting(趣味)、Interaction(互动)、Interest(利益)。有关心理专家研究得出,之所以有个性、趣味、利益、互动特点的信息人们愿意接受,那是因为它更符合人性的欲求和追求。

(一)个性

我们现在营销的对象正在悄然地发生着变化,随着 70 后、80 后慢慢地"老"去,90 后慢慢地成为消费主流,这个群体个性十足,追求私人定制。所以首先我们这个时代的营销主题要把个性放在首位。个性就是指营销内容与受众密切关联,这些关联表现在有关的、有用的、有意义的方面。打个比方,当别人说出你的名字的时候,你不禁会去看他,这是本能的关注。营销也是一样,当涉及的是和你有关的问题,你自然会去关注和分享。这种与受众密切相关的内容,我们列出以下三类:与名人名言和人生感悟相关的哲理内容;健康、食物、运动、星座、心理学、兴趣偏好等与个性相关的内容;朋友的心情和动态。

(二)趣味

上面我们也提到过现在的营销,内容要尽量生动、有趣,能给受众带来快乐。因此有趣的、另类的、新奇的、轻松诙谐的"软新闻"大受欢迎。趣味的内容主要包括以下几种。

1. 幽默诙谐的笑话段子

新浪微博的冷笑话精选,他的粉丝数能超过 200 万人,并且每条相关内容的转发和评论次数也很高,受众倾向于相互分享快乐。

2. 另类新奇的故事

人们对于未知的世界有十分强大的好奇心和探索发现的求知欲,另类新奇的事物给人们的生活注入新鲜感,所以各种奇闻趣事总是能第一时间被快速传播。

3. 创意、时尚、唯美内容

每个人都喜欢追求时尚、欣赏并寻求美。不论是唯美的照片或图片、时尚的装饰、创意元素十足的视频,都能迅速地在网上疯狂传播。

4. 明星、娱乐八卦等热门问题

很多人天生都有偷窥和八卦的偏好,尤其是对大众娱乐明星更是疯狂的追捧,这些被他们视为精神偶像的人物的一举一动,他们都希望知道,包括家庭、婚姻、爱好、衣着等。

(三)互动

微营销传播的特点,就是具有互动性,通过互动才能传播,通过互动企业才能知道消费者的喜好和建议,通过互动更容易产生消费者的二次评论和转发。互动性的内容有下列几种类型。

第一种是互动活动。互动活动经常以奖励的方式,激励消费者参与评论回复或转发,转化多少条便可以获得优惠券活动,等等。

第二种是对话参与。官方账号以跟对方对话的口吻询问受众,让受众自发参与作答。比如戴尔中国在微信官方主页上发出询问:"你有晚睡强迫症吗?"这一举动立即引发无数喜欢通宵玩游戏的男生和熬夜看电视连续剧的女生的深度共鸣。

(四)利益

前面我们也提到过,凭什么吸引客户,凭什么使你的用户活动起来,最重要的就是保证他们的利益,满足他们的价值需求,所谓无利不起早,利益是驱使一切的魔法棒,保证消费者的利益有两种方式:一种是,动之以情,人是性感动物,以情感化的"软性内容"引起消费者的共鸣,能自然地吸引他们;另外一种,比较势力,就是采用重金赤裸裸地引导用户引起他们行动起来,当然,最常见的就是代金券的发放、分享打折等。但是这第二种方法也有一定的弊端,容易出现僵尸粉丝,所以前面我们还提到对目标消费者实行这种策略。

"4I"即个性、趣味、互动、利益,这四个高效营销内容的特点,要真正应用到自己特定的营销内容上,并琢磨背后真正的人性动机和需求,这样才能使企业的营销内容真的打动你的用户。当然,成功的营销内容也必须具备"4I"的特征,并且是与用户有关联的以及是有价值的。

五、企业微营销的内容策划技巧

内容营销,就是创造和发布原创内容——包括博文、案例研究、白皮书、视频和照片等,从而带来用户询问,增加品牌可见度,并建立公司在领域内的专业形象,这是广义范围上的内容营销;而本节所讲的内容营销范围被缩小,只是基于互联网及与移动互联网相糅合的全微营销理念中的内容营销,大致包括文字、视频、动画、声音、图片等。作为全微营销的一种主流营销方法,内容营销的优势在于两方面,一方面是投入成本低、效果好,另一方面则是潜在客户转换为现有客户的转化率高。

企业微博只有短短的140字,但是却有许多规则与技巧,下面以企业微博内容运营为例,阐述企业微博形象定位成功后的内容编辑。具体如下。

(一)确定好博文的文字方向

一般来说,企业官方微博发布的无非是关于企业的重大新闻活动、企业产品问题答疑解惑等内容。但是想要发布一条好的、内容优质的微博就没有那么容易了,这里总结了几点关于企业微博内容规划的技巧。

1. 注重实用性

求真务实和负责任的态度是任何一家企业都应该重视和强调的,因而,运营人员在发布微博时可以从实用性角度出发,向用户提供有价值的、实际应用性较强的干货知识,从而在粉丝群中产生高认可度和信任度。同仁堂健康官方微博发布的内容,告诉大家如何正确地煎煮中药,内容具有较强实用性。

2. 富有趣味性

互联网时代,越来越多现代人的生活时间被网络占据,用户刷微博更多是为了放松和娱乐,因而,运营人员应当站在用户的心理需求角度,发布一些有料、有趣的博文,向粉丝传递企业亲和力形象。

3. 追求独特性

在人人追求个性化的时代,用户不再满足于大众化的标准产品,对于私人定制式的需求在网络世界变得更加强烈。这样看来,企业的微博营销则正是顺应了用户市场新的发展方向,改变了过去单一的营销理念,以奇制胜,吸引消费者的关注。具体而言,即企业微博发布的博文要新颖独特、富有创意。

4. 讲究故事性

有故事才会有情怀,有情怀才会有品牌。用户对企业品牌认可是每一家企业都渴望的事情,然而真正能够打动用户的更多是有人文情怀的故事。所以,企业一定要用好微博这个平台,发挥出其窗口的效用,讲好企业故事。

(二)理清博文的文字规则

上述只是对企业微博内容规划方面的引导,在实际工作中还需要综合考虑多影响因素,整合协调,才能写出内容优质的好微博。这里就撰写微博时需注意的一些事项做简要的讲解,具体内容如下。

（1）未经企业核实的信息内容不得发布。

（2）涉及政治、宗教敏感性话题，或存在争议的内容不能发布。

（3）容易产生社会争议，或违背社会主义核心价值观的内容不能发布。

（4）出于个人情绪的报复性内容不能发布。

（5）对于同行业竞争对手的贬低或批评的内容不能发布。

（6）过于冷淡、没有感情色彩的内容不能发布。

（三）给微博配上相关图片

在敲定文字之后，我们就可以着手进行图片的搭配了。首先，图片要尽量与内容相关，而且最好是与品牌产品挂钩的图片。因为这是一个很好的展示公司产品、品牌的窗口。目前，在单条微博的下面，可以发多张图片，营销者可以根据内容选择单张发布或者多张发布，选择完之后，就可以点击发布了，值得注意的是，如果是转载的图片，应该注明出处。

（四）其他技巧

1. 善于使用话题

一般情况下，设置的话题发布完成以后，都会收到新浪平台的一条评论："您设置的话题暂时没有主持人，邀请你加入主持人。"这个时候可以点击申请主持人，然后填上围绕你设置的话题的两种观点，引导网友讨论。这种做法不失为一种有效的博文曝光手段。

搜索是用户在浏览微博时获取某一方面信息的一个很重要的渠道。如果要让粉丝能够通过搜索关键词搜索到你，微话题则是让粉丝迅速找到你的有效工具，因此，在博文撰写的时候，要注意话题的使用，也就是微话题的使用，尽可能地在内容中植入吻合人们搜索习惯的话题关键词。

2. 转发评论跟帖，增加曝光量

微博上要想保有一定的曝光量，你就必须频繁地活动，跟热帖（时事新闻热点、行业热点等，不建议涉及政治立场的观点评说，因为把握不好很可能给企业造成不必要的影响），转发，并进行有个性的评论互动，让

人发现到我们,注意我们。

当有粉丝评论你的微博时,一定要做到快速而且友好地回复信息,因为只有这样,才能给粉丝被尊重的印象,提升品牌信任度,好感度。

3. 注重内容和活动

一般来说,"有用、有趣、有条理"对消费者来说,就是服务性强、娱乐性强和可读性强的博文更受青睐。此外,微博营销还可以用线上与线下相结合的活动作催化剂和黏度剂。但活动频率、活动奖品、活动规则要提前策划与设计。

4. 善于使用标签

很多微博主都没有设置相应的微博标签。在微博搜索功能没有强大到可以媲美搜索引擎的时候,粉丝只能通过微博昵称、微博标签,还有一些只有微博官方的人才知道的东西,才能搜索到我们,所以要用好微博标签。例如,要搜索三奇堂,只要搜索标签,就有可能搜索到它的官方微博。

第四节　提升微营销能力

社会化媒体的出现,让企业能够通过网络精准定位目标用户,并及时了解消费者的个性化需求,为其"量身打造"个性化产品。以此为基础,企业在开展针对具有某种需求的消费者的营销活动时,就能够轻松实现微营销的目的。

相较于传统营销方式,微营销强调的是"现实"与"虚拟"的互动,逐步建立了一个集合了研发、产品、渠道、市场、品牌传播、促销、客户关系等的全方位营销链条,将各类营销资源进行有序整合,实现以小博大、以轻博重的营销效果。微营销作为一种快捷高效的营销方式,其宗旨就是用最少的钱,获得最大的营销效果。想要提高微营销的性价比,除了具有新的传播手段外,我们更需要独特的创意。作为当下微营销主战场的一部分,微博和微信通过碎片化的媒体传播方式,令微营销更具备"四两拨千斤"的效果。

一、善用新技术与工具的企业才是真正的赢家

什么是新媒体？就是基于互联网新技术支撑体系下出现的媒体形态，如微博、微信、视频、网络社区等。而微营销就是基于这个新媒体为传播平台，通过"虚拟"与"现实"的互动，建立一个从研发、设计到面向市场的营销模式，这种新技术与传统营销方式相比，可谓是真正意义上的低成本、高产出的营销手段。

微营销带来扑面而来的草莽气息以及与生俱来的豪赌天性，在各个领域中释放着巨大的能量，它创造的种种奇迹，总会使传统营销大跌眼镜，甚至我们有时自身也感觉到它那种裹挟的力量。

新技术和新工具的应用的确给我们带来了很多奇迹，真可谓神器从天而降。当人们低头看手机的时间占据了人们面对面交谈的时间，不是人们不渴望交流，而是交流的形式发生了改变，人们依然唇齿相依、依然骨肉相连，所以，这个时候我们就必须拿出手中的神器向这个世界互通感应。不论是广场效应的微博还是圈子文化的微信，面向的都是粉丝部落，显示群聚集、群散播的魅力。

同样都是在做营销，为什么会出现不同的结果？很简单，时代在进步，科技在发展。不懂得与时俱进的企业在接下来的营销大战中，必定败下阵来。商家在参与到营销的大潮当中时，必须要有敏锐的嗅觉，才能及时察觉到营销市场上的"风吹草动"。随着互联网技术的发展，尤其是移动互联网时代的到来，社交平台也迅速发展，那时国内很多优秀的企业家就已经察觉国内的营销市场有了新技术和新工具的参与，必将发生一场洪涛大浪，而这场大浪所带来的，也必然是营销手段、模式的巨大变革。

微营销的出现，既有大炮轰入般的气势，又有病毒传播般的速度。微营销看似不是主流的营销战场，但是逐渐地，在其中弥漫起的烽火硝烟足以与电视广告等主流媒介相媲美，甚至犹有过之。很多商家这时才意识到微营销还能带来的价值与影响力，纷纷加入，下海捞金，变革背后必然酝酿着更多的机会。比如，在互联网赢利模式的探讨中，有多少方式以及成熟？面对强势的"大V"，如何发展壮大？如何让目标更明确、定位更清晰？如何实现赢利？怎样在未来的商战中发展成为一个品牌？

面对变幻莫测的世界,如果真的想闯出一条出路,办法就只有一条:改变思路。在互联网统控的世界里,你不仅要改变你的思维方式,还得改变你的工作作风和生活习惯,这就包含着利用这个时代最先进的技术和工具,为我所用,这就能闯出一片天地。这并不难,因为互联网带给人们的改变是大势所趋,我们只需要顺势而为即可。[①]

二、利用大数据时代的微营销导航图

微营销的出现,确实为现在的营销理念指引了正确的方向,很多人也抓住了其中的商机,成为微商,赚得盆满钵满,但也并不是说成为微商,并采用微营销策略就一定能取得成功,微营销是一个系统的流程,需要我们正确的经营方能见效。我们都知道人生需要经营,事业需要经营,婚姻需要经营,家庭也需要经营,那么营销是不是也需要经营呢?回答是肯定的,而且这种经营是一个长期的过程,是制定目标循序渐进去完成的过程,不可能一蹴而就。可是身处在这个浮躁的时代,很多的人的心态也开始逐步变得浮躁起来,总是梦想着快速赚钱,快速成名,都喜欢今天播下种子,明天就长出果实,这可能吗?

当然微营销也不仅仅是在朋友圈、微博平台发发产品图片、文字描述那么简单,微营销里面包含着营销策划、品牌策划、运营以及销售方法和策略,面对如此复杂的流程,我们首先要做的就是为我们的微营销制订一个明确的目标。有目标才有方向,有了目标我们才能更清晰地看清楚我们身在何处,这个目标分为大目标和小目标,也被称为远目标和近目标。远目标是一个整体的规划,近目标可以是分阶段达成原目标的一个个小的分解,长远目标可以是指未来一年、三年、五年,想要达到什么样的收入目标,用几年的时间成功树立自己的品牌,小目标或近目标是指比如每月可以增加多少微信粉,或者发展几个微信代理商等,这些小目标就像是迈向大目标的脚印,只有每个脚印走踏实了,那么大的目标才可以实现,未来你期望的那个美好未来才能到来。[②]

设定好企业微营销的目标之后,需要具体的目标拆解,按照步骤循

---

① 刘晓东. 大数据 微营销 大数据时代下的微营销革命[M]. 北京:中国财富出版社,2015.
② 同上.

序渐进地向前推荐。企业微营销策略规划有如下几大步骤。

(一)确定目标客户群体

建立微营销策略,首先就需要定位企业的目标消费人群,结合自己产品的特征,找寻符合本身企业的目标人群,然后对目标人群再进行调研,充分了解目标客户群体。有人把定位目标客户群体比喻成钓鱼,非常的恰当,钓鱼的时候我们要分析:钓哪种鱼、这类鱼的活动区域、鱼的性格爱好、这种鱼最喜欢哪种饵料、最后筛选鱼。

(二)企业要寻找到合适的平台

企业需要定位自己的平台,我们的平台究竟要给粉丝提供哪些内容。建立的初衷是为了彰显品牌,进行宣传,还是为了立足于服务,为粉丝提供售后以及咨询服务,要提前考虑清楚。内容意味着营养,有营养才能有粉丝。在这个平台上,需要制定营销的倾向点,简而言之,就是营销需要倾向于哪一类粉丝,需要倾向于哪一类活动,需要在什么时候做内容群发推送,这一切需要做出详细的安排。

(三)建立执行团队和监督体系,保证实行到位

毕竟再好的策略失去了执行,也就没有了意义。微信营销策略规划对于一个企业微信营销发展有很大的关系,做了详细的规划,脚踏实地,一步一个脚印,最终一定能成为成功的微商。

三、将媒体串联成体系

所谓多媒体营销矩阵,固然是要和各自为战的"传统方法"区别开来。简单理解起来,这是一个从点到线,由线及面,由平面到立体,从虚拟(线上)到现实(线下)的,犹如设计精良的发动机一般的立体式架构。其中的每一个部件都各司其职,却又通力合作,保障发动机正常地运转。在微营销体系的全力带动下,企业和团体不断进取,突破在移动互联网时代来临后,关乎生存的瓶颈。

首先从虚拟层面来看,最为主要的措施是脱离原来单线作战的思

维。把长线、短线、中线的移动媒体结合使用,让营销行动既具备短期爆发力,又不失长久生命力。当然也别忘了让虚拟的东西接地气,把握好线下活动和线上互动之间的分寸。另外,值得一提的是,千万不要再局限于原来的思维看待媒体了,要突破屏障,把新鲜的、另类的东西适当地掺杂在里面,给人耳目一新的感觉。

(一)多维法:建立立体阵地

从空间物理学的角度来讲,维度越多,所包含的内容就越丰富;从微营销的角度讲,连接点越多,引入的流量就越大,粉丝转化成客户的数目也就会增多。但永远不要忘记的一点是,维度是有规则的。因此,在引入更多工具交互时,也要慎重考虑,不能无聊地重叠使用,而是要各司其职。否则,很容易让企业或团体陷入"时空的乱流之中"而造成重大的损失。

关键词:微信、微博、社区、第三方 APP、二维码、O2O。那么如何将它们互相串联起来,组成一个铁桶阵呢?不妨先来归一下类。微信、微博、社区属于常用的社交媒体;第三方 APP 属于特殊功能的应用软件;二维码、O2O 是连接虚拟现实的节点。

1. 微信+微博+社区

微信的第一职能就是移动互联网+社交,或者说即时聊天。即时性越强,刷新频率就越快,营销信息的置顶和稳定相当难以维持。如果不停"刷存在",又会引起厌烦心理,还会耗费大量时间和精力。这就决定了其适用于进行短期营销,需要迅速地将吸引聚集地粉丝向中、长期转移。

微营销团队采用搜索、分享获取好友后,需要立即对他们进行第一印象树立:发布精简而又精巧的产品和品牌图文及视讯信息,负责吸引一部分有兴趣的好友转化为初级粉丝。千万不要立刻谈"生意",多发挥它的第一职能,免得给向心力还不强的初级粉丝留下"营销号"的印象。

经过一段时间的经营和甄别,一部分对产品或品牌感兴趣的人,会渴望得到更多的相关信息,以"微信推荐微博"的关联方式,让他们去关注中期工具。微博是一种粉丝黏性大于微信,但即时聊天功能相对较弱的平台。微博作为"平民新闻"和"八卦热门"聚集地,非常适合去经营粉丝。

从吸引到经营,逐渐可以开展产品或服务的营销了。企业或团队大事件、大活动的发布、热门话题的制造。"官博"比"官微"给人的权威性更大,这是由其相对于微信,更具公开性、公众互动更便利的特征所决定的。无论是短期爆点,还是中长期"定期推送信息"都能搞定。

值得一提的是,在这个变化多端的世界,转化顺序也并非是一成不变的。从开通官方微博,到吸引粉丝进一步关注官方微信,逐个击破和发展客户的做法,也是可行的。那么立足更长远、更隐秘的"持久作战"和"敌后作战",这种太过官方化的工具就不太适合了。因为从一开始,其定位就已经是区别于客户群体的商家群体,无论再怎么贴心,也不免粉丝最初以戴"有色眼镜"看你。

这个时候就轮到社区出场了,以兴趣为分组,致力于问题解决、话题讨论的社区,账号的隐蔽性是相对更强的,也更易于"打进敌人内部"。通过交流、解惑答疑,让陌生人对你建立起信任之后再慢慢引渡到对品牌地推广、产品和服务的营销,别人也更容易相信你。简单来说,贴吧、社区的设防程度是要远远低于这些太过台面的平台的。值得注意的是,一定要有耐心,不要急功近利。

2."线上媒体"接地气

调查和研究显示,由于虚拟网络的距离性(即网友并非会是身边人),人们会因为相对容易隐藏自己的秘密,而感到极大的安全感。但这也是仅限于寻求心理上的理解和安慰,一旦涉及交易、金钱,会比现实生活更谨慎。如果没有第三方的保障(如淘宝、当当等),或者是官方认证(如微博、QQ的认证账号),交易和营销都是寸步难行的。不难想象,即便是这些第三方,也是一步一个脚印所积累起来的大众信任。你会向一个手机"摇到的"陌生人买东西?一般不会吧。因此,做营销需要依赖网络,但千万不要拘泥于网络。换句话说:微营销体系,岂止于网络!

太过依赖于网络,会造成一定程度上的交流障碍,这对于商家来说相当致命,尤其是基于线下实体店展开网络营销和渠道拓展的传统企业。无论是为了增进客户的消费体验感,还是组织活动增加参与感,都是在"接地气"。想把产品做大、做强,仅靠网店几乎不可能。"锤子"只在网上卖,但老罗依旧会组织线下发布会,为什么?因为人与人之间的深度信任,是始于足下的。

在提到 O2O 的时候已经讲过,做推广不能只靠手机。除了线下体验和客户维系,值得再一次强调的问题是,手机屏幕只有 5～6 寸,而现实世界才是五花八门的。线下对于线上的反哺功能极为强大,怎么做?多向传统媒体取取经,然后再利用二维码,往线上引渡即可。线下做广告,不是求客户留下来,而是让客户把品牌的理念带出去。被动添加,总比不上主动关注的客户转化率高。

(二)交叉法:分割营销职能

从叫卖到微营销,营销行业的大环境是怎么样的?模仿!有好的创意,好的工具,就争相去有样学样,这就是职能划分的由来。但行业的大忌是什么?还是模仿!机械地去仿照某人做某事,局限于书、网上文章中的攻略,永远也不可能成为一个优秀的营销手。尽信书不如无书,好比一个小魔方,即便你记住了一种排列的还原,重新打乱、交叉以后呢?

1. 第三方 APP 不再只管销售

为什么要提倡微营销体系?并不是原来的营销手法不好,而是仅仅学会一两种,能应对的突发情况实在太少。授人以鱼,不如授人以渔。体系,就是一个方法论,就犹如一个魔方。学会了其最基本的原理和方法以后,就能够任意组合,玩出你自己的花样,与众不同的你,才可能是微营销大军中脱颖而出的赢家。具体来说,就人们认为只能卖货的"APP 们"。

许多企业或团队,"处心积虑"在微信、QQ 这些社交为主的平台上设计文案、图片、视频等,希望以更精简的篇幅最大限度地表达出自己的品牌,展示自己的产品。但再怎么尽力,这些平台始终不是专业的商用平台。无论是微博、朋友圈,还是什么其他的媒体都是支持链接分享的,这在介绍工具的时候就已经提到。这可以让专业的第三方 APP 突破销售,参与到营销过程中来。

网店装修,这是从"淘宝潮"延续到"微商潮"依然存在的话题,更贴心的设置、更温馨的页面,本身就是一种无形营销。而这里大可更进一步,学习线下实体店的一个妙招:关注账号获取优惠。通过关注公众号,抽取优惠码进行折扣。

既能够通过给客户现实的优惠,刺激客户的购买欲望,又能够不声不响地把自己的营销号给营销出去,这就是属于第三方 APP 的交叉营销法。

2. 朋友圈和公众号另类玩法

说到营销号,以朋友圈和公众号为例,它们的玩儿法可是相当丰富的。除了图文、链接、视频,只要敢想,就能够创意不断。就如同之前说到的"集赞",让客户分享产品链接并召集好友"点赞",收集到一定数目的"赞",就可以优惠、免费拿等。以相对较小的代价和悄无声息的方式,把第一层的客户变相地"雇佣"来帮助商家进行营销,有限的功能也能玩出无限的花样。

办法是人想出来的。同样以"集赞"为例,不知何时,哪个文青发起了用朋友"赞"后的头像做成手机屏幕保护"晒友谊"。商家也可以采取类似的行动进行有机结合。例如,晒出自己的"赞屏保",随机抽出最为"酷炫"的一位或几位,进行奖励式营销。这样一来,是不是又能把微营销的效果翻一番呢?有兴趣的商家大可以去试一试。笔者想要表达的是,肯玩儿,就一定有办法。

再看看公众号,相信不少人对"微信运动"颇为熟悉。通过手机进行每日的运动步数统计,最多的一位可以"占领封面",把自己的封面图片置顶成好友圈内的共同封面。一时间激发了不少人的运动热情,也让当时没有什么新玩儿法的微信,再次活跃了起来。这种公众号的另类营销,也可以通过与奖励机制相连接,在创意上形成交叉,让模仿变成真正的超越。

第五节　微营销实战案例

目前各大商家在发展 PC 端的同时也看准了移动端的购物平台发展。而微商的发展是主流,这是时代进步的印证。营销模式也不只是光做微商,而是做全面的网商,包括淘宝、微店、微信。不光把产品卖给朋友,更多的是卖给陌生消费者。而品牌企业与代理商的关系是共赢的关系,不是一种靠发展代理商存货的途径赚钱,而是在不断扩大的团队中,以病毒式的推广渠道使品牌的知名度和美誉度都迅速深入人心,而不是靠铺天盖地的广告宣传。多渠道体验才是营销之道。

下面分享两个微营销的成功案例。

一、桔子酒店的"病毒式传播"全微营销

2011年从春季到秋季的大半年时间,有一批关于十二星座的微电影在网友中疯传。这些微电影讲述了不同星座的男人在桔子酒店营造浪漫气氛的故事。因为其卖点新奇、内容有趣,很快在年轻白领中形成了议论的话题,其话题数次成为新浪微博热门话题与百度热搜词,其微博累计转发量超过了一百万次,视频总点击超过了一亿五千万次。最重要的是,这些微视频让无数人开始了解"桔子酒店",了解了微电影背后的投资商和策划者。

如何才能让更多的人知道桔子酒店,并且对桔子酒店产生良好又深刻的印象呢? 桔子酒店的创始人吴海想到了微电影营销。在桔子酒店的高层管理中,有一位叫陈中的市场总监,他出身于搜狐视频,有着丰富的互联网从业经验。2011年,他十分敏锐地发现了微博的社交属性以及强大的影响力,除此之外,出身搜狐的他也对视频的影响力有着深刻的认识,因此,他提出了利用视频宣传、用微博做平台的营销策略。

桔子水晶的十二星座微电影营销非常成功。而这次营销也完美地达到了制作这一系列视频的初衷:"让不知道桔子酒店的人知道,让知道的人自豪!"而且,让桔子水晶酒店完全没有预料到的是,这次微电影宣传让桔子水晶的入住率达到100%的提升。这可以说是意外惊喜,因为这次营销活动仅仅投入了一百万元,但其带来的价值,却远远超过了这个数字。

其实,桔子水晶的营销方式就是一个很好地将微电影营销和微博营销融合在一起的全微营销。在此基础上,策划人还在这一全微营销中融入了病毒式营销的特质。所谓"病毒式网络营销",就是通过用户的口碑宣传网络,让企业的宣传信息像病毒一样快速传播,利用快速复制的方式传向成千上万的消费者。也就是说,通过提供有价值的产品或服务,"让消费者告诉消费者";通过消费者之间的互相宣传,实现"营销杠杆"的作用。

病毒营销传播信息的方式有很多种,如电子邮件、微博转发、论坛发

言、微信朋友圈推广等。病毒营销并非强制要求消费者传播消息,而是正确引导消费者的传播意愿,让消费者自愿并且毫不费力地进行传播,以此来达到企业推广的目的。

美国著名的电子商务顾问 Ralph F. Wilson 曾总结出了一个优秀的病毒营销战略需要具备的五个基本要素,一次成功的病毒营销虽然不一定要包含所有的要素,但是,包含的要素越多,营销的效果就会越好。我们以桔子酒店为对比,参照一下其营销过程中是否包含着这五个要素。

这五个基本要素分别为:

(1)为消费者提供有价值的产品或服务——桔子酒店提供的是差旅住宿服务。

(2)为消费者提供一种简单方便的传播信息渠道——新浪微博转发,轻轻一点即可。

(3)利用消费者的积极行为——转发有奖以及消费者自身对星座和爱情的兴趣。

(4)利用已有的通信网络——桔子水晶借助的新浪微博。

(5)善于利用他人的资源——桔子水晶酒店借助其他品牌提供的奖品。

不难发现,桔子酒店的这次全微病毒营销包含了以上五大基本要素的全部要素。而我们作为营销者,在未来的全微营销中,如果想要利用病毒营销这一手段,不妨学习一下桔子酒店,并且对比查看一下自身的营销计划是否具备这六个基本要素,要做到拾漏补缺,充分准备。

二、小米手环抓住用户兴奋点

2014 年 7 月 22 日下午 4 点,小米年度发布会上第二款产品小米手环亮相,小米手环延续了小米产品一贯的高性价比,定价仅为 79 元。小米手环采用铝合金表面,激光微穿孔,拥有众多功能。小米手环可以与手机通过低功耗蓝牙(BLE)实时连接,将运动与睡眠数据同步至手环 APP,每次打开 APP 即可看到当前最新数据,无须点击同步。小米手环 APP 会记录用户全年运动数据,并提供健康建议,用户还可以把数据分享到微信、QQ 或微博,和好友比一比谁的生活更健康。

　　小米充分抓住了用户的兴奋点,拉低了智能产品,尤其是手机产品的售价,使用户得到了实惠,但与此同时它又将饥渴营销做到了极致。以低价去冲击市场不失为培养用户使用习惯的一种方法,当初小米手机刚出来时就是以低价为人所知。而同样的,现在小米想要用低价让,人们知道小米还推出了手环。

(一)抓住用户兴奋点

　　在移动互联网时代,要求企业转变理念回归价值链的核心——产品。用移动互联网思维重塑传统企业的产品,需要颠覆从前的固有思维,把准时代的脉搏,抓住用户的兴奋点,打造极致的、让用户"尖叫"的产品。

(二)跨界结合

　　与科技界和娱乐界进行结合,是众多企业营销的另一个有效方法。与热门的电影进行结合,将科技娱乐化结合的效果做到最大化。在中国,各大企业的老总纷纷登上电视荧幕,与娱乐结合。京东的CEO刘强东也和奶茶妹妹成为一起玩耍的小伙伴。在互联网时代,想吸引更多的眼球就要跨界。

(三)饥渴营销

　　营销就像办演唱会,前期宣传极力地烘托有哪些亮点节目,有哪些神秘嘉宾,然后千呼万唤始出来,到演唱会那一天再大爆发,我们称之为饥饿营销。饥饿营销在乔布斯的苹果时代运用是比较多的,通过限量或限时尽可能地引起用户的关注和注意,可以极大地激起消费者的购买欲望,宣称不是你有钱就能买到,还需要长时间的等待,当然并不是所有的产品都可以这样,必须具有高体验或性价比高的产品才有让别人等待的筹码。

第三章　搜索引擎营销

信息技术的高速发展,使信息传播的方式和途径发生了重大变化,互联网包括移动互联网的地位不断上升并逐渐占据主要地位。在互联网中搜索引擎作为除即时通信以外的第二大应用,拥有庞大的用户群和独特的传播功能,因此搜索引擎营销日渐受到人们的重视。

第一节　搜索引擎营销概述

搜索引擎是根据一定的策略、运用特定的计算机程序从互联网上收集信息,在对信息进行组织和处理后,为用户提供检索服务,将用户检索相关的信息展示给用户的系统。

一、搜索引擎营销的内涵

(一)搜索引擎的概念

搜索引擎(Search Engine)是指根据一定的策略、运用特定的计算机程序从互联网上搜集信息,在对信息进行组织和处理后,为用户提供检索服务,将用户检索相关的信息展示给用户的系统。

(二)搜索引擎的基本原理

搜索引擎由信息搜索系统、索引数据库和查询接口三部分组成。搜索引擎的原理可以简化为三个步骤:第一,从互联网上抓取网页,搜索引擎通过特定规律,根据命令和文件的内容跟踪网页的链接,像蜘蛛一样爬行在不同链接之间。第二,建立索引数据库。搜索引擎是根据第一步的蜘蛛爬行将爬行到的网页数据存储到原始页面数据的,搜索引擎蜘蛛在抓取页面时也做一定的重复内容检测,一旦遇到大量抄袭的内容就停止爬行。第三,索引数据库中搜索排序,当用户在搜索框中输入关键词,排名程序调用数据库,计算排名给用户,一般搜索引擎排名规则是根据日、周、月不同阶段进行更新的。由此可见,搜索引擎搜索的内容是预先整理好的网页索引数据库,并非从互联网上进行搜索。

(三)搜索引擎营销的原理

搜索引擎营销是根据用户使用搜索引擎的方式,利用用户搜索相关信息的机会尽可能传递营销信息给目标用户。搜索引擎营销正是利用用户搜索关键词反映对该产品的关注,这就是搜索引擎被应用于网络营销的根本原因。通过搜索引擎能实现不同目标层次的结果,其目标层次分别是存在层、表现层、关注层、转化层(图 3-1)。

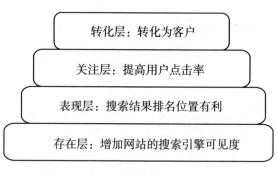

图 3-1　搜索引擎营销的目标层次①

二、搜索引擎营销特点

与其他营销方法相比,搜索引擎营销具有自身的特点,充分了解并利用这些特点是进行高效搜索引擎营销的基础。归纳来讲,搜索引擎营销具有以下几方面特点:

---

① 林颖. 电子商务实战基础 新媒体营销实战[M]. 北京:北京理工大学出版社,2018.

(一)与企业网站是密不可分的

企业网站是进行搜索引擎营销的基础,没有企业网站的建设,搜索引擎营销就无从说起。搜索引擎营销需要以企业网站为基础,企业网站设计的专业性对搜索引擎营销的效果又产生直接的影响。成功进行搜索引擎营销的第一步就是建设一个优质的企业网站来吸引用户,以增加网站访问量和点击率,让用户真正获取到所需信息。

(二)搜索引擎传递的信息仅仅发挥向导作用

搜索引擎通过其巡视软件在互联网上收集信息,发现企业网站并将其收录在数据库,当用户检索此类信息时,便会将结果呈献出来。但需要注意的是,搜索引擎抓取网页的信息时,只是抓取网页的一部分,而不是全部内容。因而通过搜索引擎检索出来的网页信息也仅仅是网页的摘要,并不能完整地反映网页的全部内容。只有用户对此摘要产生兴趣时,才会点击该链接进入企业网站继续获取信息。因此,搜索引擎只是发挥一个"引子"的作用,如何尽可能地将具有吸引力的索引内容展示给用户,并吸引用户根据这些简单的信息进入相应的网页继续获取信息,是企业进行搜索引擎营销的关键所在,这也是搜索引擎营销所要研究的主要内容。

(三)是以用户主导的网络营销方式

用户根据自己所需利用的关键词进行搜索引擎检索,搜索引擎根据用户输入的关键词将查询结果呈献给用户。用户在这些检索结果中自主选择相关信息,没有哪个企业或网站可以强迫或者诱导用户的检索行为,甚至使用什么搜索引擎、通过搜索引擎检索什么信息完全是由用户自己决定的。因此,搜索引擎营销是由用户自己所主导的,最大限度地减少了营销活动对用户的干扰,最符合网络营销的基本思想,也最具有人性化。搜索引擎的这一重要特点是区别于其他营销模式的部分。

(四)可以实现精确定位

搜索引擎通过其巡视软件在互联网上收集信息,其间过滤掉一些设计不合理或者不符合规定的页面。当用户利用搜索引擎检索信息时,搜索引擎根据输入的关键词进行分析,更加准确地定位用户所需要的内容,并将查询结果整理出来呈现给他们。搜索引擎营销在用户定位方面具有极好的功能,尤其是在搜索结果页面的关键词广告时,可以实现与用户检索所使用的关键词高度相关,从而提高营销信息被关注的程度,最终达到增强网络营销效果的目的。

(五)可引发间接性效果

搜索引擎在企业营销过程中发挥的仅仅是桥梁作用,让用户发现企业及产品,但用户最终是否选择企业,还要看企业能否满足用户的需要。也就是说,搜索引擎仅仅是用户和企业间产生交易的必要条件,而并非充分条件,最终能否达成交易的决策权还在于用户和企业本身。因此,搜索引擎营销的效果表现为企业网站访问量的增加而不是直接的销售。访问量作为网站推广的主要手段。至于是否可以最终转化为收益,不是搜索引擎所能决定的。

三、搜索引擎营销模式

搜索引擎是网络营销中一种重要的推广手段,也是用户发现新网站的最普遍途径。目前我国的搜索引擎营销模式主要有以下两种。

(一)付费搜索广告

付费搜索广告是一种按点击付费(Pay Per Click,PPC)的搜索引擎推广方式,许多企业都会考虑采用这样的方式进行产品和服务的推广。主要原理是广告主企业根据自己的产品和服务的特点向搜索引擎服务供应商购买关键词。用户通常是通过关键词在搜索引擎界面进行搜索的,如果用户键入的关键词和广告主企业购买的关键词是一样的,那么在搜索结果中会出现广告主企业的页面链接,这时,广告主企业就需要根据搜索引擎提供商的收费机制进行付费。付费机制主要有两类:一类是付费排名,也称为固定排名。搜索引擎服务商将广告主企业所付费的关键词网页排放在搜索结果页面中的前十页,出现的位置是固定的,其具体的位置是由各个广告主企业通过竞价购买来决定的,并且在合同期内保持不变,付费越高的广告主企业网站在搜索结构连接中排名越能靠前。另一类是竞价排名,其特点是广告主企业需要按照点击量进行付费。[①] 广告主企业通过关键词拍卖的形式,针对网站链接在搜索界面出现的位置进行竞争。

(二)搜索引擎优化

搜索引擎优化就是让广告主企业的网站更加容易被搜索引擎收录,同时在用户检索关键词的搜索结果中获得好的位置。搜索引擎优化能够保证企业的网站和搜索引擎进行有效连接,并且提升网站在所选关键词的搜索结果页面中获得较靠前的排名。目前优化策略主要有网站内容优化、关键词优化、交换链接和提供站点地图等。丰富的网站内容有利于给用户带来良好的用户体验,所以网站内容优化要体现原创性和及时更新,这样才便于蜘蛛程序抓取网页。关键词是用户在搜索引擎中找到企业网站的重要方法,所以关键词的选取是需要和本企业的产品和服务相联系的,产品的定位、广告传播等都会影响到关键词的选择。交换链接有利于用户通过一些超链接获得丰富的网站内容,广告主企业可以登录链接交换平台和其他企业交换链接,来提高网站被检索到的机会。站点地图有助于用户浏览网站的所有页面。通过这些方法,广告主企业不需要向搜索引擎服务商付费,就可以将自己的网站链接收录在搜索结果页中自然搜索区域比较靠前的位置。所以,很多广告主通过这种方式来提升网站的排名,从而更容易让用户检索到。以中国电商行业为例,大多数电商企业搜索引擎优化意识很强。除了常见的京东商城、当当、1号店等常见的 B2C 电商企业,部分涉足网络销售的传统品牌商也加大了对 SEO(Search Engine Optimization)的投入,其中最典型的就是金融类、旅游类和保险类。这些广告主企业主要是为了提高直接的购买转化需求,还有一类广告主企业对搜索引擎优化的需求并不是为了购买转化率的提升,而是为了进行品牌的有效传播。

付费搜索广告和搜索引擎优化都是现今主要的搜索引擎营销模式,两者各有优劣。一方面,一般来说,对于搜索引擎优化,广告主花费较少且多为一次性花费,而对于付费搜索广告,广告主需为搜索用户的每一

---

① 赵俊仙,褚颜魁. 市场营销学[M]. 北京:北京理工大学出版社,2018.

次点击付费,花费较多。同时付费搜索广告还要面临无效点击的风险。但另一方面,尽管不同的关键词费用不同,但付费搜索广告在支付费用后往往在搜索结果中表现出较高的稳定性,而且位置保留时间更长。而搜索引擎优化受搜索引擎算法的影响较大,要确保在每个关键词下都出现在排名靠前的位置,不确定因素很多,当搜索引擎采用新的参考算法时,已有的优化成绩就会变得毫无价值。此外,在竞争对于也采取优化策略的情况下,排名的保持时间较短。

四、搜索引擎营销现阶段存在的问题

我国进入搜索引擎领域的时间尚短,各方面都还不成熟,因此在搜索引擎的实践过程中,凸显出诸多问题。

(一)搜索引擎营销过程中的商业道德问题

1. 关键词广告恶意点击问题

关键词广告按点击次数计费,即用户每点击一次关键词广告,企业就需要向搜索引擎服务商支付一定的费用。在点击广告的用户中,除了企业的目标用户,不排除有竞争对手、搜索引擎服务商或第三方的恶意点击。这些恶意点击没有给企业带来价值,但企业却为此支付了费用。

2. 搜索引擎市场高垄断问题

搜索引擎领域存在较高的门槛,而我国进入搜索引擎领域的时间尚短,因此出现了国内搜索引擎的垄断局面。大量的同类网站争夺有限的搜索引擎推广位置,必然会造成关键词点击费用的上涨。高垄断搜索引擎市场和关键词广告投放远不能将搜索用户群体充分发掘,尤其目前的竞价排名付费制,对搜索结果排名的公正性以及搜索结果内容的真实性等都会产生影响。

(二)搜索引擎营销过程中的法律问题

搜索引擎通过其爬行蜘蛛在网络上抓取网页时,可能存在非法收集个人信息的情况。如通过 Cookies 保存用户在网站上留下的信息,然后分析用户特点,给用户发送垃圾邮件。搜索引擎还无时无刻不在面对"网络侵权"的问题,在用户的检索结果中,如果被检索网站没有著作权而提供浏览观看、没有发行权而提供影视下载等,都可以直接被认定为侵权。

同其他新兴的网络应用一样,搜索引擎营销也存在很多问题。这些问题的出现,一方面说明已经有越来越多的人开始重视搜索引擎营销,另一方面也说明搜索引擎营销急需一个统一的行业标准。

1. 搜索引擎优化(SEO)市场混乱

搜索引擎优化前几年进入国内,直到今天该市场都还处于混乱期。所谓的 SEO 服务,多是作坊式经营,即主要对公司的网站进行一定的修改,就说成所谓的网站优化。目前国内渐渐地开始有专业的 SEO 公司成立,但规模不大、信誉不够好、技术也一般。

2. 黑帽 SEO 影响搜索引擎质量

国内很多 SEO 出于对利益的追逐,大都采用"黑帽"手法进行SEO,目的是短期内获得很好的排名,然后收取客户费用。先不说这些黑帽 SEO 的职业道德问题,关键是搜索引擎中充斥着大量这种通过黑帽手法进行抢占排名的网站,直接导致的结果是搜索引擎搜索的质量开始降低。[①]

3. 搜索引擎营销应用层次较低

国内很多网络营销者以及企业对搜索引擎营销的应用处于较低层次,要么是购买搜索引擎广告,要么是进行搜索引擎优化,或者是只做网站推广,而没有把搜索引擎营销作为整个营销策略的一个有机组成部分。没有上升到战略的高度来应用搜索引擎营销造成的后果往往是痛失很多营销机会。

4. 点击率和业务达成率的转化率不高

搜索引擎营销的最终目标是将浏览者转化为顾客,促使业务达成,

---

① 藏锋者. 网络营销实战指导 知识·策略·案例 第 2 版[M]. 北京:中国铁道出版社,2013.

从而给企业带来订单。从目前的实际情况来看,用户点击搜索结果进入企业网站之后,业务达成率比较低,也就是说点击率和业务达成率的转换率较低,这也是搜索引擎营销面临的重要的问题。

上述各种问题都是网络应用发展中经常出现的问题,并没有什么特别严重而不可克服的困难。可以很明确地看到,在不远的将来,搜索引擎营销肯定会有一个优秀的行业环境,有着更好的营销促进效果。基于这一点,建议所有网络营销人员从当下开始,努力学习搜索引擎营销的相关技术,争取领先别人一步,提前取得网络营销的成功。

五、搜索引擎营销发展趋势

(一)个性化服务

随着搜索引擎用户的逐渐成熟,用户体验已成为搜索引擎的重要指标。如果用户输入关键词后不能检索到自己要寻找的信息,他们便会转向其他的搜索引擎。因为不同的用户有着不同的需求和偏好,搜索引擎要想抓住用户,让其满意,就必须给其提供个性化的服务,制定合适的营销策略,以此来提高用户的忠诚度。

(二)社区化功能

网络社区是指包括 BBS 论坛、贴吧、公告栏、群组讨论、在线聊天、个人空间、无线增值服务等形式在内的网上交流空间,同一主题的网络社区集中了具有共同兴趣的访问者。一般而言,根据社区的规模和参与者的成分,可将网络社区划分为综合性社区和专业社区两种。在专业性社区里,用户一般具有相同的兴趣和偏好,相关企业可以轻松地获取一批目标用户。

(三)搜索引擎垂直化

随着中国网民的日益成熟,网民在成为综合搜索引擎用户的同时,更多细分化的需求开始通过垂直搜索引擎满足。早在 2011 年,这一趋势已很明显,2011 年 10 月搜库的用户量已经达到 4588 万人次,已占百度用户量的 17%。除了视频、音乐类垂直搜索引擎,购物垂直搜索引擎随着一淘的加入竞争更加激烈。旅行预订类垂直搜索引擎发展势头良好,并吸引百度进行注资,竞争实力更强。

(四)无线搜索引擎

无线搜索是基于移动网络的搜索技术的总称。根据 CNNIC 的统计数据,截至 2020 年 12 月,中国手机网民规模达到 9.86 亿人,[①]用户可以随时随地利用手机上网。用户可以通过通信的多种接入方式进行搜索,并获取互联网信息,他们还可以通过选择搜索结果并订制相关移动增值服务。基于手机的无线搜索服务,在一定程度上扩大了搜索用户的规模。

第二节　实施有效的搜索引擎营销策略

一、选择搜索引擎营销平台

(一)平台的覆盖能力

如果你的客户锁定于年轻时尚、看重性价比的人群,那么你最好选择那些聚焦这类人群的旅游服务平台。就目前来看,大多数旅游企业所提供的产品都是面向大众消费者,那么百度搜索引擎营销平台就是较好的选择了。

(二)平台的技术能力

平台的技术能力包括平台的后台管理功能以及提供数据的丰富程度,这些直接影响到企业营销投放的管理和评估优化的能力。

---

① 中共中央网络安全和信息化委员会办公室. 第 47 次《中国互联网络发展状况统计报告》(全文)[EB/OL]. http://www.cac.gov.cn/2021-02/03/c_1613923423079314.htm.

（三）平台的服务能力

与其他营销方式相比，搜索营销更为复杂，需要企业投入更大的精力进行管理监控优化，而目前大多数中小型旅游企业还不具备这种能力，很大程度上需要搜索引擎平台来提供相应的咨询顾问服务。

二、确定搜索用户意图①

搜索引擎营销人员和搜索引擎平台有一个共同目标，就是为搜索用户提供与查询词相关的结果。企业借助搜索引擎工具进行营销信息传递的过程中，其有效性是由用户决定的，用户在搜索框输入的关键词，用户选择搜索结果，用户确定点击相关链接。浏览用户输入关键词进行搜索请求时，其需求的目的是不同的。浏览用户的心理过程是无法用理论进行判断的，只有通过考察浏览用户搜索行为的细节，总结用户行为的一般规律，才能理解用户搜索的意图，帮助网络营销者为搜索引擎返回的结果提供正确的信息。因此，制定搜索引擎营销策略的重要前提之一就是理解受众。

（一）用户使用搜索引擎的目的和搜索内容的类别

互联网用户使用搜索引擎主要基于三个目的：借助搜索引擎直接查询某个网站的网址（导航型搜索）、直接进行需求信息搜索（信息型搜索）和为购买商品或支付费用等进行的检索（交易型搜索）。据研究表明，80%以上的搜索是信息型搜索，导航型和交易型的搜索分别为10%。信息型搜索者（Informational Searchers）需要信息来回答他们的问题或者要了解新的主题，使用的搜索请求如"什么是"或者直接输入某个名词。随着互联网域名解析技术的不断发展，人们到达网站，网页的途径越来越便利和简化，而通过搜索引擎查找网站、网址、网点的用户所占比例大幅下降。随着中国网民的整体成熟度不断提高，对于搜索引擎的应用更加熟悉，中国用户对于商业型内容的搜索需求将会得到进一步提升。

---

① 杨艳．网络营销理论与实务［M］．北京：知识产权出版社，2015.

（二）用户选择搜索引擎平台和使用搜索词的习惯

搜索引擎用户使用关键词的特征关系到搜索引擎优化和营销战略的推广，所以，搜索用户关键词的使用习惯始终是搜索引擎营销人员和搜索引擎服务商关注的重要内容。搜索引擎用户中，95％以上的用户都能够自述进行搜索时首先输入的关键词类型，只有 4.2％的人群不固定地输入关键词。搜索引擎用户输入关键词类型主要有：输入主要的一个关键词的占 38.1％，同时使用几个关键词的占 33.3％，输入整句话的占 24.5％，其他的占 4.2％。搜索引擎用户在使用搜索引擎查找某不知名的商品时，34.8％的用户会选择输入产品的类别，选择率远高于其他类型关键词的使用率，其中 22.5％的用户会选择输入商品功能，19.8％的用户输入厂家，11.6％的用户输入熟知的广告词，其他占 11.2％。当用户在第一次搜索不能得到理想结果后，会做出不同的反应。当一次搜索得不到理想结果时，平均每个用户会有 2.03 个不同的应对措施。有 60.5％的用户会在搜索不到理想结果后采用"更换关键词"的方法重新搜索，有 46.6％的用户会用"增加或者减少关键词"的方法重新搜索。这两个方法是用户选择率最高的。另外有 40.0％的用户会选择更换搜索引擎，30.4％的用户会选择从结果中再次搜索，还有 26.1％的用户表示放弃继续搜索。

（三）用户对搜索结果的关注点

用户每次搜索时，搜索引擎都会返回成百上千个查询结果，这些结果当中有一部分是质量较高的结果，有一部分是质量很差的查询结果，用户根据结果的快照或摘要进行判断。一般来说，用户会选择他所认为质量比较高的页面进行点击浏览。用户点击的网页地址相当集中，大部分用户点击都落在前面几页，这表明用户点击搜索结果具有很强的局部性。

相关研究表明，搜索结果在屏幕上显示的不同物理位置也导致不同用户视线模式。用户视线运动轨迹倾向于一个 F 型图案，首先关注屏幕左上角，关注的时间也最长，然后先浏览 2～3 个结果，再跨过页面移动到第一个付费结果，再垂直向下扫过几个结果，然后又移动回第二个付费结果。同时，更多媒体内容或者个性化搜索的出现，也会更大程度地改变用户搜索模式。

(四)搜索引擎广告用户接受度

搜索引擎虚假、诈骗广告引发的不良事件近些年屡见不鲜,尤其是医疗健康领域虚假广告频现,个别国家明令禁止或限制的广告类别也会出现在搜索结果中,对消费者的搜索引擎使用体验造成了不良影响。对此,部分搜索引擎提供了网站信用认证服务、建立消费者赔付机制,以保障消费者合法权益,全力营造可信的信息搜索环境。过去半年内进行过购物搜索的用户中,有64.8%注意到了购物搜索结果中的推广信息或广告。相较于用户对搜索引擎广告的信任程度,购物搜索广告的现状不容乐观,没有用户对购物搜索的广告或推广信息是完全信任的,有57.2%的用户对其保持中立态度,而32.1%的用户对其并不信任。从购物搜索的广告信息来看,76.8%的用户会因为广告中商品有更好的用户评价而影响其购物决策,有72.2%的用户表示来自"更知名的生产企业或品牌"的广告信息会影响他们的购物决策,而产品销量、销售平台的知名度和产品价格的影响力稍弱。从购物搜索广告设计策略上来看,在保证信息真实性的前提下,突出用户评价与品牌效应,能够起到更好的推广作用。

三、搜索引擎营销推广策略

搜索引擎营销推广是借助搜索引擎提供的服务,尽可能多地让搜索引擎收录网站内容,争取在搜索引擎结果页面中获得更多的展现机会。主要采用的搜索引擎的模式有搜索引擎登录、关键词广告竞价排名、品牌专区和基于内容定位广告等。

(一)网站发布初期推广策略

网站发布初期是指网站正式开始对外宣传到约半年的时间段,是企业网络经营的重要阶段。网站能否充分利用搜索引擎提供的服务,获得展示给浏览用户的机会关系到网站未来的生存和成长。

网站发布初期网络营销人员无法把握网站推广的效果,通常先采用搜索引擎登录模式,将网站的内容尽可能多地提交到主流搜索引擎平台上,争取网站获得更多地被收录页面数和被链接数。根据各搜索引擎收录的时限(一周到一个月的时间),使用网站相关的关键词查看收录结果。为尽快实现用户认知的目标,网站被搜索引擎收录后,应利用网站发布初期拥有较充裕的网站推广资金的优势,向浏览用户首选和二选的搜索引擎平台购买一些关键词广告或竞价排名广告,在用户搜索结果关注热点区域,获得展示机会。同时,网络营销人员应尽快辅以其他网站推广方法,如编写网站及产品的博文、与供应链商建立交换链接、向线下用户宣传网站等,实现网站访问量的快速增加。这个阶段网络营销的效果主要表现在网站的访问量的增加,不能预期网站的转化率。

(二)网站成长期推广策略

经过网站发布初期的推广,网站拥有了一定的访问量,并且访问量仍在快速增长中。网站的成长期主要包括两个阶段:增长期和稳定期。每个阶段的时限长短取决于网站优化的效果和网络营销策略的选择。

网站增长期阶段网络营销人员已经获得了一定的营销推广经验,更加关注网站推广后的效果,通过搜索引擎提供的推广工具,如百度指数,获取关键词的建议或相应的关键词列表,使用各种相关的关键词,查看现有登录页面是否被收录,且查看搜索结果的排名情况。在这个阶段,网络营销人员采用搜索引擎优化的方法,有针对性地提高一些关键词搜索结果的排名。通常有两种方法来检查搜索排名:一种是手工输入搜索请求,检查所有的搜索结果,直到找到查询网站的网页。另一种是利用搜索引擎排名查询软件工具检查,如搜索引擎排名查询工具"观其关键字排名查询工具"和"观其站长工具箱",可以查询某个网址在某个关键词搜索结果中的排名和网站页面等级等,查询关键词在 Baidu,Google、360 搜索、Yahoo,Soso,Bing 和搜狗等七大搜索引擎中的排名。工具具有自定义保存网址和关键字,批量查询、查询结果导出、百度指数批量查询、相关关键字查询、关键词密度查询等功能,提高在搜索引擎优化关键词排名方面工作的效率。

网站稳定期阶段网站的访问量增长速度减慢,有时甚至出现一定的下降,网络营销的目标从增加访问量转化为收益,更加重视转化率的提升。用户资源的价值转化,不仅取决于网络营销策略的选择,还取决于企业的经营策略和企业盈利模式,关键在于提升品牌忠诚度和保证产品和服务质量。在持续进行其他营销手段的基础上,一般采用品牌专区,基于网页内容定位的网络广告和搜索引擎优化相结合的搜索引擎推广策略,同时辅以在门户网站购买各种形式的广告的方法。

第三节　搜索引擎营销实战案例

近年来,搜索引擎营销受到企业普遍重视,对于企业来说做好搜索引擎营销可以直接带来用户和提升业绩,而搜索引擎营销做得不好不仅影响企业业绩还会增加企业成本。这里我们分析一下百度搜索引擎的推广,并以宝马和当当的搜索引擎营销为例对搜索引擎营销进行全面分析,力求全面整体地把控搜索引擎营销。

一、百度搜索引擎的推广

(一)百度搜索引擎简介

百度搜索引擎(www. baidu. com)是目前互联网上著名的中文搜索引擎之一,它由两位中国的海外留学生:超链分析专利发明人、资源信息检索技术专家李彦宏和在硅谷有多年商界成功经验的徐勇博士共同创建。"百度"源于宋·辛弃疾的词《青玉案》中"众里寻他千百度"一句,表明创建者对自己技术的信心。2001年10月正式发布百度搜索引擎(以下简称"百度"),2002年3月闪电计划(Blitzen Project)开始后,其技术升级明显加快。百度以网页快照、网页预览、相关搜索、错别字纠正提示、新闻搜索、Flash搜索、信息快递搜索为特色,尤其是按专题划分的常用搜索更为出色。

百度搜索引擎使用了高性能的"网络蜘蛛"程序自动地在互联网中搜索信息,可定制、高扩展性的调度算法,使得搜索器能在极短的时间内收集到大量的互联网信息。百度在中国各地和美国均设有服务器,搜索范围涵盖了中国大陆、香港、台湾、澳门、新加坡等华语地区以及北美、欧洲的部分站点。百度搜索引擎拥有目前世界上最大的中文信息库,总量达到 6000 万页以上,并且还在以每天几十万页的速度快速增长。百度搜索巧妙地解决了中文信息的理解问题,极大地提高了搜索的准确性和查全率。检索结果能标示丰富的网页属性(如标题、网址、时间、大小、编码、摘要等),并突出用户的查询串,便于用户判断是否阅读原文。百度搜索支持二次检索(又称渐进检索或逼进检索)和相关检索词智能推荐技术。在用户第一次检索后,会提示相关的检索词,帮助用户查找更相关的结果,统计表明可以促进检索量提升。百度并运用多线程技术、高效的搜索算法、稳定的 UNIX 平台和本地化的服务器,保证了最快的响应速度。

(二)百度检索的方法

百度提供简单检索和高级检索两种方式,并支持优化检索。百度提供按信息类型:网页、MP3、Flash、常用信息等进行检索。无论采用何种检索方式,检索时首先应选择检索信息的类型,然后根据需要采用不同的方式进行检索。不同类型的信息,检索时可供选择的检索字段不同,检索页面不同。

1. 简单检索

简单检索适用于查询较简单的问题,检索时只要在主页检索框中输入查询的关键词,点击"百度搜索"按钮即可。检索中,无论输入中文简体或繁体字,均可同时查出中文简、繁体的网页。而且,搜索结果中的繁体网页,其摘要自动以简体中文显示。检索中,不区分英文字母大小写,输入的所有英文字母均作为小写处理。

2. 高级检索

高级检索适用于对于复杂问题的检索,查询时在主页的检索框中输入表达检索要求的检索式,点击"百度搜索"按钮即可。检索式中允许使用的操作符有:空格、|、-、intitle、inurl、site 等。

3. 优化检索

优化检索是指在前一次检索结果的基础上进一步检索,以便缩小检索范围使检索结果更加符合要求。无论采用简单检索还是高级检索，在检索结果的显示页面都可以进行优化检索。方法是，在检索结果的显示页面的输入框中，键入新的查询词，并在"结果中查询"前面的小方块中打勾，再点击"百度搜索"按钮即可。优化检索可以多次执行，直到获得满意的检索结果。

　　无论在何种方式的检索中，如果输入的检索词有误，系统会出现提示信息。例如，要在网上查找"成龙"的信息，检索时误输入了"程龙"，执行检索后，系统会显示：您要找的是不是：成龙。点击该链接，系统便会搜索"成龙"的信息并显示检索结果。

（三）百度的渠道推广

　　当然百度的渠道推广以收费推广为主，也就是现在人们常说的百度竞价。百度渠道推广一般分为三种：百度竞价、百度优化和百度免费平台。

1. 百度竞价

　　百度竞价是企业通过在百度开通推广账户，利用竞价的规则让自己的网站排在自然排名的前列。百度竞价是现在大部分企业为了快速获得利润而使用的方法。但对一般小型企业和创业型公司，由于资金的原因，并不推荐使用。切记百度竞价需要专人管理，并且是具备一定经验的专人。由于百度竞价的出价模式有很多，而这些出价模式会直接影响企业所花费的成本，如果没有专人管理，盲目地开通百度竞价，无疑会空砸钱而没有效果。

2. 百度优化

　　对于搜索引擎来说，所有有利于网站排名的方法都叫作优化。只是由于百度相对于360、搜狗及其他小型的搜索引擎来说占有绝对的优势地位。所以现在基本都是以百度搜索引擎为主，也就是现在的百度优化。

　　百度优化主要是在搭建网站的过程中，对站内的关键词、标题及描述，再加上代码的规范性，持续地更新原创文章等进行有关 SEO 的操作。这些操作会在以后的日子里产生效果，百度优化相对于百度竞价而言,最大的优势在于不需要任何费用,只需要坚持就能得到很好的效果。但是相对于百度竞价,其劣势也十分明显的,即不能快速为企业带来业绩。

百度优化和百度竞价对于企业来说是两种截然不同的营销方式。

3. 百度免费平台

除了百度竞价和百度优化之外,最有利于网站增加曝光度的渠道就是百度旗下的免费平台了。如果我们能够将自己的产品和业务,利用百度旗下的平台做免费推广,那是绝对快速而且有效的。现在百度旗下能够供我们免费使用的平台有百度百科、百度文库、百度知道、百度照片及百度贴吧。这些平台的权重都非常高,而且是完全开放性的平台。

(1)百度百科

百度百科主要有企业百科和名人百科。企业百科针对企业而言可以提高企业在用户心中的价值,多见于品牌和企业名称。例如,淘宝和京东属于品牌词,而阿里巴巴与京东世纪贸易有限公司则是企业名称。名人百科多见于一些历史名人和当代明星,以及在某些特殊领域有一定成就的人。当然除了这两者之外,还包括地域、风景、事件等各种不同类型的百科。

百度百科是目前审核最为严格的一个平台,因为百度百科具有非常强大的权威性和可信度。所以,如果我们想要创建自己的企业百科或者名人百科,那么必须要在互联网上有一定的影响力。

(2)百度文库

百度文库主要是将一些有关于文学、教育、知识等信息,以 Word、PPT 等格式上传,以方便大家学习和下载。百度文库对文章没有绝对的要求。我们要想使用百度文库,可以在文章中发表一些自己的经验分享,附带上自己的联系方式。

(3)百度知道

百度知道是一种问答模式,所以我们可以采用自问自答的方法进行营销。但是要记住,一定要使用不同的 IP 和不同的账号,在回答问题时也需要谨慎小心地植入广告。

(4)百度照片

在曾经还有百度空间的时代,百度照片是一种非常好的推广模式。

因为百度空间里的照片都能非常快速地被百度收录,并且快速取得排名。而现在百度照片多见于收集大型网站的图片进行展示。

要想通过百度照片进行营销,就需要从优化的角度进行。因为每张照片都是可以命名的,而所命名的名称要尽量与用户搜索关键词匹配。如果说搜索引擎是文字和网站排名的聚集地,那么百度照片就是网站内照片排名的聚集地了。所以为了更好地从百度照片获得利润,我们在上传照片时一定要使用标签"alt"。例如,我们上传一张关于金融的招聘照片,那么我们网站中这张招聘的代码就应该这样写:"alt='金融'",只有这样才能在百度照片收录之后被找到。

(5)百度贴吧

百度贴吧主要是用户闲逛时会去的版块。百度贴吧里的软文也比较多,非常适合软文推广。但是软文必须具备可读性,而不是单纯的软文广告。百度贴吧最好的推广版块是地域吧,因为行业吧相对来说比较少,而在地域吧推广软文,效果是非常不错的。

二、宝马(BMW)的搜索引擎营销案例

BMW 全称为巴伐利亚机械制造厂股份公司(德文为 Bayerische Motoren Werke AG),是德国一家世界知名的高档汽车和摩托车制造商,总部位于慕尼黑。BMW 在中国通常被称为"宝马"。

BMW 在美国的搜索营销策略是激进的投放策略,即让旗下所有产品的名称都置于搜索结果的第一位。在此基础上,BMW 详细研究了用户查询时可能出现的关键词组合方式,将有关产品名称的各种排列组合的关键词一并购买,并使其在搜索结果排名中也处于首位。

此外,BMW 与搜索运营商合作,利用搜索引擎 IP 显示关键词广告的功能,联合分散在美国各城市的经销商,进行当地市场的品牌精准传播。

用户输入 BMW 产品的名称后,在搜索结果页面首位显示的是BMW 美国的官方网站,页面次位显示的是当地经销商的网站。如果用户的 IP 来自西雅图,那么第二位显示的则是西雅图经销商的网站。

BMW 的这一搜索引擎营销策略首先达成品牌的大面积覆盖,关于BMW 的一切产品都排在搜索结果页面的首位,从而在用户心目中树立

了良好的品牌形象。

其次,达成品牌的细分覆盖能够根据用户所属地区提供有针对性的结果,为经销商的销售带来线索。

最后,BMW 与经销商联合进行搜索营销,使得 BMW 的整体品牌形象得到高度统一,同时节省了各地经销商高额的广告预算,并取得了非常好的营销效果和品牌宣传效果。

三、卓越网和当当网的搜索引擎营销案例

卓越网和当当网可能是很多网民都了解的 B2C 网站,但是可能没有多少人知道它们其实一直投入巨大的成本在搜索引擎营销上,而且取得了非常丰厚的回报。

当当网和卓越网在利用搜索引擎推广 B2C 网站的业务上积累了非常丰富的经验,每年投入数百万费用在搜索引擎领域,同时也获得了巨大的回报。它们在搜索引擎领域中的资金投入在中国的前十名之列。

针对几十万关键词投放的管理,这两个企业除支付巨额的推广费用外,还支付大量的管理成本,从而不断地修改和调整关键词的投放,并且都有相应的策略来具体管理搜索引擎。从细节上看,卓越在搜索引擎中的投入规模以及关键词选择等诸多方面略优于当当。

图 3-2　当当网首页

在具体的搜索引擎营销细节方面,卓越和当当都是采用的品牌专区模式。这种模式主要适用于大品牌客户,这样既可以进行品牌传播,又可以直接发展电子商务,如图 3-3 所示。

图 3-3 百度的当当品牌专区模式

中国搜索引擎的媒体化发展,以及在为大品牌广告主服务的过程中,形成了特有的广告展示方式,即品牌专区模式。按照大品牌广告主的要求,将近期要发布的详细信息展示在搜索结果页面左侧的首位,并在右侧赞助商链接的位置展示与其一致的品牌图形广告,如图 3-4 所示。

这一模式对大品牌广告主而言,一方面能够满足其付费搜索广告的精准信息传播需求,另一方面能够满足其通过图形广告树立品牌形象的需求。品牌专区类广告形式的出现,为大品牌广告主提供了三个方面的帮助:

第一,从对品牌树立的帮助来看,允许大品牌广告主自由决定搜索结果的版块内容,即允许大品牌广告主将自己的网站内容浓缩在一个搜索结果中。

图 3-4　当当品牌专区

第二，从对销售促进的帮助来看，能够实时更新产品信息，将最新的促销信息实时呈现。

第三，这类广告形式还为大品牌广告主提供了良好的公关平台。新广告形式的出现，为搜索引擎营销的投放策略提供了良好的铺垫。

第四章　直播营销

2016 年是直播元年,在这一年里,不管是从规模、资金还是从业人数上来说,网络直播行业都得到了前所未有的巨大发展。据不完全统计,如今中国在线直播平台数量已经超过百家,活跃在这些平台的网络直播主持人数量更是不计其数。网络直播的火爆造成了"直播热",越来越多的创业者涌入其中试图分一杯羹。

第一节　直播平台的选择

直播是指在事件发生过程中,同步进行录制和发布,这样一种具有双向流通过程的网络发布形式。很显然,这与传统的文字、图片、语音形式不同,因为直播无法修饰、无法伪造,其体验更加立体和真实。

企业之所以会选择直播营销,很大的原因是可以更加实、立体地展示产品。当用户厌倦了传统的营销方式时,直播恰如其分地走进了用户的视线。这样一个可以立体展示、可以同步直播、可以互动的方式,的确能够真真正正地吸引用户的关注和目光。

从直播的发展趋势来看,直播会越来越火。原因不仅仅是互动,更因为直播的内容会更加优质。对企业来说,呈现给用户更优质的内容是最有效的营销手段之一。过去人们在传统媒介中,同样是隔着屏幕,但是无法更加全面、立体地让用户看到产品,也无法参与到营销中去。而在直播中便能实现这些功能。例如,一位直播主持人如果在直播中兜售自己的产品,必须要全面诠释这个产品,甚至会亲自试穿、试用。当然,用户在直播中,可以通过弹幕提出更多问题,直播主持人只有满足用户的需求,才会获得用户对产品长久的关注,这样的方式自然会导致企业对产品追求完美无瑕,可以说直播进一步促进了企业的质量把关和产品生产。①

一、锁定直播平台——选对直播载体才能做对营销

做直播首先要选择直播平台,虽然目前直播市场中有几百个直播平台,但并非每个直播平台都适合你。每个直播平台都有自己的特点和标签,在选择时,关键要看与你企业的匹配指数。只有找到最适合你的直播载体,才能做对营销。本章我们着重介绍八个最具代表性的直播平台。

目前存在的直播平台纷繁复杂,知名的直播平台大多有自身独特的定位,企业可以根据这些直播平台的特质,寻找最适合自己的。目前,知名的直播平台发展比较规范,负面新闻较少,相对而言更适合企业做品牌营销。一些新平台、小平台虽然报价较低,但是直播中少不了一些"打擦边球"的内容,而这正是对外在形象要求极高的企业最忌讳的。②

企业的营销手段伴随着社交平台的发展,从文字、图片为主的时代逐渐过渡到视听时代。视频化不仅是社交平台和传播媒体的发展趋势,还成了企业在移动互联网上聚焦流量的重要策略之一。无论是 PC 端还是移动端,各类移动互联网直播平台都在不断地涌现出来,并且成为移动互联网视听的主流载体。因此,企业在利用直播进行营销的时候,一定要注重选择匹配的直播平台。

二、直播平台的类型

企业挑选直播平台的类型的时候,要根据现有的主要的四大类直播——游戏直播、娱乐直播、电商直播、专业类直播进行挑选。虽然直播已经逐步走向垂直化细分,但是以直播目前的发展来看,这四类直播依旧占据互联网直播平台中的主体部分,因此目前企业在挑选直播平台类

---

① 高长利,李伟东,郭春光. 直播营销:互联网经济营销新思路[M]. 广州:广东经济出版社,2017.

② 徐鹏举. 引爆流量 直播营销战略、打发与技巧[M]. 北京:中国宇航出版社,2017.

型的过程中,依据自身的产品尽量从这四大类直播中进行挑选。

2016 年的直播平台,归纳起来,主要有以下四大类:游戏直播类、秀场直播类、泛娱乐直播类、VR 直播类。

(一)游戏直播

游戏直播就是把游戏作为主要内容,以电子竞技比赛和电子游戏为素材,由直播主持人实时解说或演示游戏过程的服务。

1. 游戏直播平台的特点

现在的网络巨头之所以特别重视游戏直播平台,是因为这类平台吸引流量的能力非常大,庞大的用户群和可观的网络流量对于抢占行业制高点和进行商业变现都是最有力的依托。为什么游戏直播平台能吸引如此多的观众呢? 它的魅力在哪里呢? 归纳起来,游戏直播平台主要有以下四个特点。

(1)直播的现场感强,观众很容易与直播主持人产生共鸣。

(2)吸引用户,有着庞大的目标受众。

(3)给平台带来了观众和流量,还衍生出了道县增值服务、网络游戏联合运营等相关服务。

(4)进行弹幕互动,游戏直播平台的用户,主要以 80 后、90 后男性为主,消费处于中下游水平。

2. 游戏直播平台的商业模式

艾瑞调研机构在《2016 年中国电子竞技及游戏直播行业研究报告》中,总结了游戏直播平台的六大商业模式:虚拟道具、游戏联运、互动营销广告、电子商务、会员订阅、赛事竞猜。

虚拟道具即道具打赏,属于社交等级体系;互动营销广告即品牌广告,类似在线视频;游戏联运即与游戏厂商合作,用户观看游戏直播时可以进入联运游戏,更有可能做分发;会员订阅即支付一定的费用,享受不看广告的特权;电子商务包括粉丝经济、推销商品、现场直播版的淘宝;赛事竞猜包括投注、竞猜等。

3. 游戏直播平台的主要内容

既然是"游戏直播",那游戏自然是直播的主角了。游戏直播主要分为三类：游戏类节目、电子竞技比赛和个人游戏直播。

游戏类节目：其实，直播平台上的游戏资讯是很少的，因为游戏迷们更愿意从官网上获取第一手消息。一些游戏类的娱乐节目很受观众的欢迎，这些节目通常会请一些很有名的电竞选手或者游戏直播主持人讲述游戏关卡怎么过、怎么提升技能等。

电子竞技比赛：这里所说的电子竞技是指以《魔兽》《英雄联盟》《星际争霸2》以及《DOTA 2》等主流游戏展开的线上或者线下的比赛。电子竞技有很多级别、很多种比赛。

个人游戏直播：个人游戏直播分为游戏解说和游戏直播主持人两种类型。游戏解说是指解说别人的游戏过程，但是自己不参与游戏；而游戏直播主持人则是一边玩游戏，一边解说自己游戏的过程，直播主持人自己参与到游戏中。

4. 游戏直播平台的两种变现模式

总体来说，国内的游戏直播行业还处在"烧钱"的阶段，但是其摸索出来的一套变现形式初见成效。国内直播平台的变现形式主要有以下两种：

第一，游戏直播平台与游戏厂商联合运营。简单来说，就是游戏厂商把自己的游戏链接放在直播平台上进行推荐，观众通过平台的链接进入游戏，当观众玩到一定等级或者消费一定金额后，就能够获得对游戏帮助极大的道具或秘籍，这就极大地刺激了观众的消费欲望，游戏平台能从中得到一部分提成，游戏厂商也能借助平台为自己的游戏做推广。

第二，来自网络秀场的虚拟道具增值服务。虚拟道具就是我们通常所说的"飞机""游艇""法拉利""玫瑰花"等，观众需要在直播平台上花钱购买这些虚拟道具，然后把这些道具"打赏"给直播主持人，以表示自己对直播主持人的喜爱和支持。"打赏"越多，直播主持人的收入越多，观众的等级越高。

（二）秀场直播

秀场直播有三个突出特点，即行业格局稳定、铁打的秀场和流水的直播主持人。比如 YY 直播主持人以其强大、稳定的功能和人性化的设计一直备受各直播主持人的青睐。它的秀场直播一直存在，只是表演的方式和内容稍有改变,直播主持人换了一批又一批。

对此,中国投资资讯网从秀场直播的用户年龄、直播主持人工资情况、用户性别和主要收入来源进行了分析,得出以下结论:秀场直播主持人的固定收入是由直播主持人和平台的签约费及工资构成的,直播主持人想要获得高收入,就必须想办法让粉丝多打赏。2015 年是秀场直播主持人的黄金时期,在这一年涌现出了多个成功案例,激发了民众对直播的向往。但大量直播主持人的出现并未带来内容的多元化,反而出现了严重的内容同质化现象,使得人们对秀场直播的热情开始减弱,秀场直播不得不开始转型。

(三)泛娱乐直播

泛娱乐直播自 2015 年以来一直保持着迅猛的发展势头,满足了观众对直播的多样化需求,也满足了观众自己当直播主持人的表现欲。与游戏直播和秀场直播相比,泛娱乐直播的内容更加广泛,设计出五花八门的生活场景。但从另一个方面来说,其对内容把控的缺失很可能让观众产生不适感。

直播平台的高风险主要来自于内容筛查高昂的运营成本和筛查的滞后性,这是泛娱乐直播必须重视的问题。根据网络调查显示,泛娱乐直播的用户群没有明显的集中度,观众黏性较差。

(四)VR 直播

VR(Virtual Reality,虚拟现实技术,是一种多源信息融合的、交互式的三维动态视景和实体行为的系统仿真,使用户沉浸到该环境中)软硬件生产方面所取得的实质性突破,VR 从概念逐步落地为各种产品,将 VR 应用于视频直播领域后,开启了一个全新的直播时代。与普通的视频直播相比,VR 直播能为用户提供 360 度的全景画面,将会有更强的视觉效果及沉浸式体验,触手可及的场景道具及逼真的直播环境,能极大地增强用户的参与感及忠实度,最终使视频直播产业实现跨越式发展。

在国内市场,花椒直播在 2016 年 4 月举办的北京车展中通过将移动直播与 VR 技术融合,为用户带来了极致的视听享受;致力于发展体育 VR 直播的微鲸科技,为用户提供了包括中超联赛、足协杯赛及业余足球联赛在内的诸多国内优质足球赛事。

三、直播平台的规模

在"百播大战"的背景之下,能够占据直播流量市场的不同直播平台各自具备不同的优势。因此,企业直播在挑选直播平台的过程中,最先考虑的就是依据自身的产品挑选合适的平台类型,再挑选直播平台的规模。

在明确直播平台的类型之后,企业还要结合自身的发展状况,根据直播平台的规模进行挑选。目前中国已有数百家的直播平台,可以依据用户的数量以及平台的设备分为大、中、小三种规模。在直播营销中,大、中、小三种规模的直播平台,都存在一定的优势和缺陷。

类似 YY、斗鱼等早期发展的大规模的直播平台,这些平台已经具备了专业的设备,并且在发展的过程中积累了许多网红直播主持人和互联网流量,因此企业如果有足够的实力选择大规模的直播平台,就能通过平台将大量流量引入企业直播中。但是,大规模的直播平台需要企业付出的成本相对较高。

中型的直播平台有网易 BoBo、酷狗直播等。中型直播平台本身自带的流量不如大规模的直播平台,但是也包含着一定的稳固的流量,因此也可以为企业少量引流。由于中型直播平台自身发展和设备的问题,所以需要企业支付的成本相对较少。因此部分中小型企业在没有足够营销成本的情况下,可以考虑选择这类平台。

小型直播平台在"百播大战"中占据了一大半的"江山"。这类直播平台大多数只能成为"百播大战"中的牺牲者,即使曾经在短期内吸纳过大量流量,但是并不能积累流量,最终会被时代逐渐淘汰。因此,企业在选择直播平台的时候,不能被小型平台中一时的流量所蒙蔽,要尽量避免选择此类直播平台。因为这类平台本身就没有流量积累,既不能为企业直播进行引流,也没有相应的网红直播主持人为企业带动流量。

四、直播平台的用户

平台的类型和规模决定了平台的用户数量,但是企业在选择直播平台的时候,既要看用户数量,又要关注用户质量。用户质量包含了用户的活跃度、用户消费水平以及用户与产品的匹配度。

活跃的用户才是直播平台中真正的流量来源。大型直播平台虽然有大量用户,但是也有很多都是空有账号的用户。所以企业在选择直播平台的时候,要注意直播平台中真正活跃的用户,要选择空账户比例相对较小的直播平台。

用户的消费水平决定了企业直播营销的效益。企业要根据自身产品的价值,选择大多数用户消费水平与产品价值相符的平台。

直播平台的类型决定了用户的类型,因此企业直播营销要选择用户类型与产品相匹配的平台。如果一些中小型企业没有足够的成本让各大直播平台进行同步直播,就要仔细调查直播平台上的用户类型,根据用户类型选择相应的直播平台。

五、根据企业自身因素选择平台

实际上,根据直播平台的类型、规模与用户选择匹配的直播平台,都是建立在企业自身因素的基础之上。企业在选择直播平台时需要考虑的自身因素非常多,如产品、营销成本、市场等。其中,最主要的两个因素就是企业营销预计的成本和企业营销相对应的产品。

任何企业在进行营销活动的时候都有一定的成本预算,而企业在选择直播平台的时候一定会给予平台相应的引流"代价"。企业能为直播引流付出多少成本,在直播平台的选择上也带来了巨大的限制。企业必须要在这种限制之内,选择"性价比"最高的直播平台。企业选择直播平台时,除了要根据平台类型、平台规模、平台用户和自身因素来进行之外,还存在其他细节问题。找到与企业匹配的直播平台实际上是一个非常严肃、复杂的过程,为了企业直播营销战略的胜利,就必须耐心仔细地挑选。

直播平台的选择在直播营销中发挥着重要的作用。从本质上来说,直播平台的选择是为了有的放矢,就如我们可以在秀场直播中推出一些歌曲的宣传,可以在游戏直播中推出电脑外设。针对目前多种类型的直播平台,要结合自身需要营销的产品,选择合适的直播平台进行产品销售。

第二节 直播主持人的素养

在直播平台中，最重要的是什么呢？是内容。但是内容是哪里来的呢？是直播主持人提供的。一个直播不能没有直播主持人，一个内容不能没有直播主持人来呈现，因此在直播中直播主持人的地位显得尤为重要。

对企业的直播而言，直播主持人极其重要，关系到你的直播观看人数多少、直播的传播性是否强大、直播中产品的销售是否火爆，这些都是由用户决定的。换句话说，你要根据用户的需求来选择直播主持人，或者让直播主持人按照用户需求来做直播。

一、打造直播主持人 IP 化

个人的 IP 化随着直播的发展已经发生了重大变化，诸如罗振宇、徐小平、周思成等 IP 人物，这样的个人在成为 IP 后，新业务不仅获得媒体和资本的追捧，也获得了粉丝的认可，进而有了较为通畅的变现渠道和变现能力。

如今，随着直播的发展，一些直播主持人包括资深网红也成了 IP 人物，大鹏、社会你球姐、艾克里里等借助直播迅速崛起。为什么这类人只要开直播，就有上百万人围观呢？因为他们具备 IP 特质：有独特的优点；在门槛极低的直播平台中展现出来；成为人们需要的那种人物。

直播平台不需要高门槛的内容生产，也不需要专业炫酷的内容剪辑，内容甚至可以是直播主持人信手拈来，当然需要直播主持人能够输出精细化的内容。在直播平台中成为一个小有名气的网红达人，而这个人的颜值不一定很高，口才也不一定多好，重要的是能够代表粉丝，满足粉丝的心理认同，那么他就能成为一个 IP 人物。

二、建立良好的第一印象

在直播行业中，女直播主持人可不能只有美貌，事实上女直播主持人需要付出相同或更多的努力才能获得认可。人们往往只看到了"美女直播主持人月入百万"这样的标题,却未曾深究标题背后有多少坚持和努力。[①]

作为直播主持人,千万不要忽视自己的外在形象,即使长得不是那么出众,但得体的穿着、整齐的头发、积极的状态会使你成为一个让观众喜欢的人。那么,直播主持人在直播时该如何给观众留下良好的第一印象呢? 换句话说,我们用什么样的形象才能对直播起到事半功倍的效果? 这时,可以用下面的技巧。

(一)展现良好的形象

据调查,一个人的外在形象95%是通过服装显示出来的。由此看来,良好的形象首先应该从着装开始。直播主持人的着装不用特别复杂,只要把握住以下四个原则就可以了。

第一个原则:服装要适合直播的场景。

第二个原则:服装要干净、得体。

第三个原则:服装要符合观众的心理。

第四个原则:直播主持人服装妆容造型向时尚靠拢。

此外,直播主持人还应该根据你所在直播间的室内环境和背景颜色来打造自己的造型,这样会给用户带来一种视觉上的舒适感。

(二)注意自己的言谈举止

除了直播主持人的服装造型之外,直播主持人是否受人们喜爱还体现在直播主持人的行为上。有些直播主持人的行为特别时尚范儿,粉丝就会格外愿意看。但是要特别注意,无论直播主持人做什么动作,都应该端正姿态,身体要端正,不应该出现邋遢姿态。

作为直播主持人,想给观众留下良好的第一印象,就必须注意自己的言谈举止,做一个文明有礼的人。因为一个人的言谈举止可以大概反映这个人的态度,所以直播主持人在与观众交谈时应该尽量避免各种不礼貌或不文明的习惯。对待观众要积极、热情、友善,在直播时要言辞幽默、侃侃而谈、举止恰当。

---

① 管鹏,刘兴隆,李七喜. 带你一起做直播[M]. 北京:当代世界出版社,2017.

（三）重视观众

重视观众是直播主持人尊敬观众的具体表现，比如牢记观众的名字；清楚观众进直播间的大概时间；根据观众的年龄、性别等对观众使用尊称。

第一印象在直播中相当于一把尺子，会自动衡量直播成功与否。那么，从此刻开始，努力给观众留下良好的第一印象，让你的"颜值"慢慢地走进观众的心里。

三、锻炼超级直播主持人能力

直播主持人要不断提高自己的学识和才能，熟练掌握最基本的主持能力，这样，进行直播时才会使观众心悦诚服，实现变现才能成为顺理成章的事情。那么，直播主持人如何才能在直播时充分展现自己的才华和能力呢？要在直播时展现才华不是一件容易的事，需要主持人在直播之前做充足的准备。以下几个方面是主持人必须要修炼的。

（一）让自己拥有丰富的经历

直播主持人的经历要丰富一些。多经历些事情，能让自己尽快成熟起来，视野也会更开阔。如果直播主持人的经历不够丰富，头脑空洞，就很难在直播时填满真实的、让人信任的情节。

一个经历丰富的直播主持人直播时所说的话就像一场心理辅导，观众会听在耳朵里，记在心里，且会深有同感；一个经历少的直播主持人直播时所说的话就显得比较乏味甚至夸张了，使观众听之无味，看之无趣。所以，如果想成为一个超级直播主持人，想成为一个直播高手，先增加自己的阅历，多在生活中积累素材，多倾听人们的心声，这会让你受益无穷。

（二）让自己广泛地涉猎各领域的知识

为什么知识储备丰富的人往往是主持高手？因为他们胸有墨水，信手拈来，毫不费力，这就是知识的力量。尤其是那些涉猎众多领域的直播主持人,他们虽不是很厉害的专才,却是基础相当扎实的通才,对各领域的事情都懂一点,在直播时就拥有了先天的优势,说出来的话也让观众感到信服。

作为一个主持人,首先要有才艺和技能,但这还不够。最好的做法是多学习各领域的知识,然后把它们排列组合。学到的东西越多知识组合出来的花样就越多,直播的内容也就越多。一个花样就可以看作是一次创新,也可以视作一个新的直播元素。

(三)说话要句句说到用户心坎

在直播的世界里,粉丝的数量决定着直播主持人的收入,直播主持人需和粉丝亲密互动,粉丝则推动直播主持人上热搜,这种良性循环促成了直播的火热,让直播形成了强大的交互能力和实时的交互机制。对企业来说,通过直播主持人的影响力来销售产品也无疑是最佳渠道。因此,直播主持人在说话上要符合用户需求,只有句句说到用户心坎上才有效果。

一个让用户喜爱的直播主持人应该在说话上注意以下技巧:多一些亲切的问候;在直播中多用亲和的语言;常用时髦、时尚语言。

在这个世界上,没有什么事情是可以一次成功且终身受用的。当你修炼好主持能力后,还需要反复地练习,投入极大的精力去训练,不停地纠正错误,提升技能,这样才有可能成为一个超级直播主持人。

四、提高直播主持人的心理承受力

作为一名直播主持人,我们要展示的第一件产品是什么?就是自己。只要把自己成功地推销给观众,让观众喜欢上你,你的直播就成功了一半。那么,作为直播主持人,我们如何让观众喜欢上我们呢?其实,让观众喜欢上我们的方法非常简单,那就是:自信!

自信对每一个直播主持人都很重要。在我们向观众直播的过程中,言谈举止流露出充分的自信就会赢得观众的认可和信任。而认可和信任是观众愿意观看你的直播、成为你的粉丝,继而购买你推荐的产品的关键因素。直播没有人观看对于新手直播主持人来说是家常便饭,如果我们不能用积极的心态去面对、克服内心的压力,就会永远被拒之直播门外。首先要信任自己，才能获得观众的信任。在直播中，同质化的内容、同质化的平台，甚至是同质化的粉丝群体，使直播主持人时刻活在竞争关系中。同时，社会舆论、媒体报道、粉丝态度带给直播主持人的负面信息，也会影响直播主持人的心理和情绪。因此，要想成为一名超级直播主持人，必须提高自己的心理承受能力，做自信的自己，心态将决定你是否能够在直播行业里坚持下去。

那么，直播主持人需要提高哪些心理承受能力呢？主要有三个方面，即抗压能力、负面信息承受能力、抗挫折能力。下面，我们将介绍提高这三大能力的具体方法和技巧。

(一)抗压能力——快乐并高效地做直播

如果把直播主持看作是一种职业的话，想要成为超级直播主持人，首先应具备强大的抗压能力。直播主持人看似随意、自由，实则也要背负工作压力。摄影、设计直播内容、与粉丝互动都需要花费时间和精力。直播主持人的受欢迎程度越高、影响力越大，这种压力也越大。归纳起来，一名直播主持人主要面临三个方面的压力：观众的压力、自身和家庭的压力、竞争的压力。当直播主持人面对长时间的工作、父母的不理解、观众的谩骂、同行竞争的加剧等各种各样的压力时，抗压能力就显得十分重要。

(二)提高负面信息承受能力

直播主持人虽然能够成为粉丝群体的影响者，但当主持人的某些行为与观众的期望出现偏差时，就会受到负面信息的干扰。如果直播主持人没有处理负面信息的能力，那么一旦负面信息开始扩散，媒体就会起到推波助澜的作用，那个时候直播主持人的承受力将遭遇严峻挑战。

作为一名直播主持人，你无法控制负面信息的发布源头，但你却可以在规范自身言行的基础上应对负面信息。

(三)抗挫折能力——永不放弃就能走向成功

任何职业想要获得成功都不容易，直播主持人也是如此。当面对粉丝量增幅低、关注度不够、变现瓶颈、同质化竞争等难题的时候，直播主持人会产生挫折情绪，轻者变得不够自信，严重者会影响职业发展。抗挫折能力的修炼能够帮助你在面对逆境时积极应对,跨越挫折。挫折是直播职业中不可避免的,直播主持人要对挫折有充分的心理准备,敢于向挫折挑战。

在直播的道路上,压力、负面信息与挫折不可避免,想要成为一个超级直播主持人,只有具备这方面的能力,才能够承受得住网络上的误解、嘲讽,甚至是不怀好意的骚扰。由此看来,每一个超级直播主持人都应该有一颗"大心脏"。

自信能让我们赢得观众的认可和信任,所以我们一定要建立自信,用自信扫除直播路上的一切障碍,这是战胜一切困难的诀窍。那么,你应该立即行动,从心中永远剔除害怕、怯懦,树立你的自信。

五、修炼独特的内容创造能力

进入移动互联网时代,内容已经成为最大的流量来源。内容的创造能力是直播主持人能够被持续关注,从而走上超级直播主持人之路的核心能力。直播从出现的第一天开始,就是依靠创造内容来获得人们的关注的,而不是抄袭他人的直播内容,博人眼球。

(一)直播内容创作前须做的三项调查

既然内容对于直播来说如此重要,那么什么样的内容才能既吸引观众的眼球,又能带给观众价值观的认同呢?创造直播内容前,直播主持人必须做好以下三个方面的调查。

1. 调查目标粉丝群体的标志性特征

调查目标粉丝群体的年龄结构、性别、文化层次、喜好、消费能力等标志性特征,从而在创造直播内容时使内容更贴近粉丝的喜好。

2. 调查粉丝群体对内容呈现形式的偏爱度

不同类型的粉丝对文字、图片、动画、声音、视频等不同形式的内容呈现方式喜好各不相同。比如游戏直播的粉丝对动画、声音的接受度要远大于其他类型直播的粉丝。

3. 调查粉丝群体的"痛点"在哪里

直播的内容最怕不痛不痒、平淡无味,因此对于粉丝的"痛点",直播主持人要做到了然于心。所谓"痛点",就是粉丝内心最渴望满足的需求。

(二)做好直播内容策划的五大方法

对直播内容的策划,可以通过下面五个方法来进行直播内容策划。

1. 不能跨越道德底线

一些直播主持人在输出直播内容时仅以制造话题、引爆眼球为目的,内容质量过于低劣。这类直播主持人即便短时间内获得了关注,但这种超越社会道德底线的行为最终不会被社会所接纳,也不会被观众所接受。因此,策划直播内容时不能超越道德底线。

2. 内容要兼顾时效性

随着移动互联网的发展,如今网民们已进入"快餐"时代,庞大的信息量每天都在轰炸粉丝的大脑,因此你在策划直播内容时必须考虑时效性,过于陈旧的话题无法引起粉丝的兴趣。

3. 内容要结合艺术,艺术来源于生活

如果能够从生活中挖掘普通内容,经过提炼使其脱胎换骨,那么直播输出的积极效果是可以预见的。既然直播内容来源于生活,那么最好让其高于生活。

4. 内容要有趣味性

通常情况下,观众会把观看直播当成一种减压方式。因此,过于严肃刻板的内容表现方式会令观众产生排斥感,有趣的表现方式更容易受到关注。

5. 内容输出要有价值

直播主持人作为粉丝群体的代表,所传播的内容是具有代表性的,

因此每一次的直播内容都要有价值,这对直播主持人树立口碑、进行商业拓展都有积极意义。

(三)创造独特直播内容的四个技巧

互联网上的信息量极大,以至于即使质量不错的直播内容想要脱颖而出也十分困难,因此在保证直播内容和质量的前提下,如何让内容与众不同就显得十分重要了。直播主持人要不断提升自身的内容创造力。具体可以使用以下四个技巧。

1. 多积累经验

经验也会生成创造力,在某一领域里的工作经验会对创新大有裨益。所以,你要在平常生活中多积累经验,为你的内容创新"加满油"。

2. 留出时间去思考

创造力需要靠一定的时间培养,才会"发芽",变"成熟"。因此,产生创意最有效的方法就是给自己留出思考的时间和空间。

3. 借鉴成功案例

那些超级直播主持人们已经为你树立了榜样,去看看他们是怎么做的,相信会对你有所启发。

4. 与团队一起创造直播内容

无数实践证明:头脑风暴对创新有很好的作用,我们常常说的"三个臭皮匠,顶个诸葛亮"就是这个道理。

六、快速积累粉丝和攒人气

积累粉丝、攒人气,是直播变现的必要条件。一名新手直播主持人积累粉丝需要一个长期的过程。那么,有什么方法能快速积累粉丝和攒人气呢?以下四大技巧可以让你迅速涨人气,积累粉丝。

（一）选择合适的直播时间

直播主持人在直播前要做的第一件事就是选择合适的直播时间,时间一旦确定就不要轻易更改。笔者根据直播观众活跃程度的时间段,总结出以下两个适合直播的时间:新手主持人直播时间(12:00—18:00);普通直播主持人直播时间(18:00—00:00)。

（二）任命房间管理员

房间管理员是被直播主持人赋予禁言权限的观众,如果有观众在直播弹幕中发布广告或者是扰乱节奏、骂人,房间管理员可以禁止这个IP在一段时间内发送弹幕。授予房间管理员的具体操作方法是这样的:进入直播平台的个人中心,直播主持人可以在直播设置页面中任命和撤销房间管理员。

（三）树立形象

经纪公司会刻意为明星包装和树立形象,在这方面,超级直播主持人们做得很好,很多超级直播主持人有自己的口头禅和独特的调动直播间气氛的方式。他们的这种方式在观众的发挥下会产生大量的笑料和"梗",从而在直播间产生源源不断的话题。

（四）增进交流

大多数直播主持人会在直播西面和直播公告中注明自己的微博地址和交流群,因为直播主持人的本质是一种自媒体,要想增加收益,最常规的营销方式就是通过直播吸引更多粉丝,然后通过交流与粉丝建立更紧密的关系,从而将营销策略由说服转变为让粉丝主动消费。

第三节　直播营销技能

本节从社群营销、内容营销、粉丝营销及口碑营销四个方面,全方位、多角度地诠释了直播营销的具体操作方法,不说空话套话,全是实战干货,让你的产品从"口碑"到"品牌",直至实现"巨销量"。

一、内容营销——解读三种经典的内容呈现方式

说直播容易,是因为直播的介入门槛低,只需拥有一部智能手机就够了;说直播简单,是指那些即兴随意直播不需要过多的准备,如以玩乐为主题的直播吃饭、养狗等,这样的直播就像没有养分的笑话,欢笑过后并不能给观众留下什么。

然而,想扩大品牌曝光度,实现产品销售量的企业直播,门槛并不低。首先直播内容的制作必须投入人力物力精心设计,"内容"的好坏将直接决定直播营销的最终效果。

(一)PGC:专业生产内容

不知你是否听说过 PGC 这个互联网术语,它指的是专业生产内容,泛指内容个性化、视角多元化、传播民主化、社会关系虚拟化。目前,大多数企业和个人的直播营销的销售转化都倚赖于 PGC。

说到直播营销领域的转化工具 PGC,其重点在于"P"即 Professionai,用"p"去聚集焦点热点人物,如明星、网红、名人(非娱乐圈的)。

1. 明星

2016 戛纳电影节的主赞助商巴黎欧莱雅在"零时差追戛纳"的系列直播中,邀请了巩俐、李宇春、李冰冰、井柏然四位明星,从接明星下飞机到入住酒店等全方位进行场景直播。欧莱雅在直播前并没有与明星进行话术策划,全程以小编和明星的日常聊天为主,未使用任何专业拍摄设备,未进行专业的灯光布景以及摄影师跟拍,全程仅通过一部智能手机完成。在直播过程中,明星们多次提及欧莱雅的系列产品,主持人也顺势在线呼吁粉丝在天猫搜索"我爱欧莱雅"即可购买明星同款产品,与官网互动配合进行促销。

各路大牌明星凭借其强大的影响力和现场推荐,在直播中成功将品牌产品强带入,植入过程自然、顺利,销售转化效果也非常成功。那款被称为"李宇春同款"的 701 冰品粉色唇膏,在直播后四个小时巴黎欧莱雅官网就出现了脱销。

2. 网红

网红的影响力毕竟不如明星,企业在请网红直播时,一般要提前拟定好主题和内容,然后邀请多名网红轮番直播,将网红的影响力集中聚合,从而带来海量关注度,如淘宝在"饿货节"期间的网红团体直播就是很好的案例:数百名饿货网红主播霸占了手机淘宝,轮番进行了4天共计96小时的不停歇、无中断的"花式吃外卖"直播。这场周期长、内容密集、规模庞大的直播吸引了数百万人在线围观。①

3. 名人

除了娱乐明星和网红等网络"大V"外,还有一类名人PFC. 那就是企业家。雷军的小米手机通过饥饿营销成功杀入市场,对于小来无人机的发布他采用了网络营销直播的形式,小米科技通过自家直播平台"小米直播"直播了小米无人机发布。这是一场"1+N"(1个人直播+N多粉丝)的直播发布,在小米无人机试飞前,雷军详细地介绍了小来无人机的功能参数等,然而,出乎意料的是,在试飞过程中小米无人机突然出现径直下跌的"炸机"(坠落)情况,引来网友一片吐槽。这场直播的在线人数超过100万人,吸粉数十万。

通过以上人物和典型案例,可以看出在直播营销中,PGC发挥的作用举足轻重,只有将人物和内容完美结合才能获得品牌预期的曝光量和销售转化量。90%以上的PGC案例都和"电商平台"同步无缝对接,有通过"明星同款"的方式,也有通过"边看边买"的技术手段(即让用户在不退出直播的情况下直接下单购买主播推荐的商品),迅速实现销售转化……这些方法都值得想要进行直播营销的企业借鉴。②

(二)BGC:品牌生产内容

对一种新兴工具的运用是极其容易的,真正能拉开差距的除了创意还是创意,如果直播企业和个人仅关注外在表现形式而忽略直播内涵的打造,那么绝对不可能实现预期的营销效果。直播平台只是一种信息传播工具,最终仍然是要服务于营销内容。换言之,直播营销和视频营销、

---

①　刘兵. 直播营销 重新定义营销新路径[M]. 广州:广东人民出版社,2018.

②　管鹏,刘兴隆,李七喜. 带你一起做直播[M]. 北京:当代世界出版社,2017.

微信营销并没有什么本质区别,重点依然在于内容的创意。但是,目前真正有内涵,能让我们眼前一亮的企业直播营销还是少之又少。

直播营销的 BGC,重点在于传播企业的品牌文化,单纯的产品营销已让物质极度富裕的消费者麻木,可以说如今是"得文化者得天下"的时代,BGC 必须展现品牌的价值观、文化、内涵等。

(三)UGC:用户生产内容

一切没有 UGC(用户生产内容)的直播都是自娱自乐。要说直播这种形式并不新鲜,为何单单在 2016 年被炒得如此火爆呢? 原因在于智能手机的普及、移动互联网的盛行使直播成本骤减,人人都可以直播,在"移动+互动"模式的完美结合下,我们看到"直播"的内容边界被无限延伸和拓展。

那么,企业和个人的直播营销就要思考一个问题:怎么让这种"无边界的内容"成为一场网友可参与的内容——因为用户参与度是直播的最核心要素。很多人对直播营销里的 UGC 认识并不全面,认为 UGC 就是仅指直播营销里网友的弹幕评论,这样理解 UGC 未免有失偏颇。

UGC 除了要和 PGC/BGC 互动,还要改变 PGC/BGC,改变的最终目的是让 PGC/BGC 更有趣、丰富,具有猎奇性、可参与性(情绪感染:吸引更多网友参与)、社交性(志同道合的网友形成社群)。只有这样,粉丝才会心甘情愿一直守在直播前并全程参与。

UGC、BGC 和 PGC 三者之间是相互依赖、相互影响的。因此,企业和个人在进行一场直播营销时,要考虑的内容要素就是这三者。

BGC:企业和个人想直播什么内容,即直播营销的内容主题、调性、诉说的品牌价值等。

PGC:怎样让企业直播的内容更有脉冲式的眼球效应,获得更多的流量并实现流量变现。

UGC:怎样打造直播营销的终极内容形态,如参与式内容,让网友沉浸在直播内容中并自发互动。

企业和个人只有实现 PGC、BGC、UGC 三者的结合,才能打造一场成功的直播营销。

二、社群营销——找到目标客户所在的社群并引爆

所谓社群营销,就是企业借助社会上一些有名气、有影响力的人,或者依托一些关注量大的媒体平台,对品牌或产品进行宣传,扩大知名度,获得利润。社群营销这种方式与传统营销不同,它能够通过直播直接与观众、粉丝对话,建立起品牌和粉丝之间的信任,塑造直播企业和个人良好的形象,进而达到销售产品的目的。

(一)直播＋社群营销

直播＋社群营销的载体并不局限于微信,各种平台都可以做社群营销,比如论坛、微博、QQ 群甚至线下的社区等。

其一:社群营销为直播提供前置引流

直播企业和个人为了实现传播量的最大化,一般会提前在网站或者海报上预告直播时间以及房间号,但这样的方式太被动、转化率太低。如果我们建立一个社群,把所有感兴趣的用户拉到这个群,前期通过情绪铺垫、气氛渲染,加上部分粉丝的配合,当直播开始的时候直播的关注度就会很高。

其二:直播为社群提升活跃度

社群为直播提高转化率,同样,直播也为社群增加活跃度。一个高人气的社群绝对离不开精彩的内容,而直播就是非常好的内容资源。相对于普通的图片、文字输出,视频直播传递的信息量更大、形式更新颖,并且直播具有即时性,能使社群更活跃。

社群营销已经成为直播企业和个人的重要直播营销手段。既然社群营销有那么多优势,那我们就来看一下社群营销所带来的效果。

豆果美食是全球领先的美食互动平台,随着时代的发展,人们的要求和需求变化,仅仅获得一些另类食谱已经不能满足用户的需求。豆果美食看到了直播的影响力,于是在花椒直播平台上进行了美食内容的直播,通过直播吸引到足够多的粉丝后,豆果美食开始把这些粉丝"吸"进QQ 群或微信群,在群里面,每个粉丝都可以发表自己的菜谱,做饭的心得、图片,QQ 或微信群成了粉丝的一个社群,而这些小社群又全都在正果美食这个大社区中。因此,豆果美食成为用户分享美食的人气社

区,顺理成章,豆果美食以社群的名义打开了一片市场,成为亲民且高人气的分享社群。

当然,这只是社群给直播企业带来颠覆的一个案例,在偌大的互联网中,各行各业都在利用最新的社群概念改变和颠覆着企业的未来及发展。所以,无论什么行业,如果你正处在传统营销的瓶颈或者正想转变,不妨搭建一个社群平台,让社群促进你的发展。

(二)选择合适自己的社群

我们意识里的社群可能就是社区,即许多人居住的地方,其实,网络社群也可以这么理解,就是群志同道合的人聚集的地方。较知名的线上社群有豆瓣、天涯、猫扑等,这些社区本身也具有沟通交流的功能,但用户最多的还是 QQ 社群和微信社群。

为了更好地让直播企业和个人选择适合自己的社群,我们把微信社群和 QQ 社群做了比较。直播企业和个人可以通过对比来挑选合适的社群。

(三)打造有影响力的社群

社群营销已经成为直播的必要营销手段,但是其方式成千上万,直播企业和个人该如何打造有影响力的社群,以起到"四两拨千斤"的效果呢?在此介绍六个妙招,相信会对你的社群营销有所启发。

1. 举行震撼的欢迎仪式

大家都有这种体验:当我们进入一个新群的时候,会显示是谁邀请你进入群、加入群的人以及很多人的 QQ 名,这时候,大多数朋友会有一种好奇和淡淡的不安之感,如何消除这种感觉并逐步建立信任呢?欢迎模板如下:

热烈欢迎×××加入××群

这种扑面而来的欢迎会让人觉得这个群非常热情,当然在语言组织、表达形式上还可以更加完善。

总体来说,举行欢迎仪式的操作比较简单,但是一个新群建好之后,直播企业和个人一定要坚持做这件事,简单的事情重复做,这是一种潜移默化的教育,教育大家一起跟随,在跟随中使大家逐渐形成习惯,有了这个习惯,就有了打造有影响力社群的基础。

2. 完善群规则

无规矩不成方圆,有了群规,所有进入群的人才会按照规则办事。因此,除了令人震撼的欢迎仪式,直播企业和个人还要在群的宗旨、规则方面给新进入的人做一个言简意赅的介绍,并且尽可能写一篇"××群新人必知必读",做成模板收藏,每有3~5人进群就发一遍,让那些刚进群的人一目了然。完善群规则这个步骤,很多群没有做,所以新人进入新群后也不知道干什么。在打造群影响力的过程中,应该将各种群文案收藏起来,在需要的时候马上发到群中,同一个口令重复千万遍就是执行力,当群里不断地重复群的价值观以及群规则时,慢慢地,所有群成员都会自动发群规,而不再需要群创建者每天发,这样就会形成群文化。当然,刚建群的1~2个星期还是需要群主自己发群规带动群文化的。

3. 为群友提供价值

当群有了群文化之后,接下来,就要提供一些价值,因为每个进入群的人都在等待,等待群主发布活动。

人们进入一个群,不外乎几个需求:出于对主播和企业的热爱,掌握新的资讯,拓展人脉,寻找一些新项目或者新机会等。我们提供的价值可以从粉丝的需求开始,包括姓名、常驻城市、做什么行业、有什么资源、要什么,这是最基本的进群成员自我介绍,找项目的人和要拓展人脉的人,看就知道了。一定要有模板,否则就会很乱,可以先从那些活跃的,比较支持群主的人开始,把他们的名片发到群里,帮助群成员推广或者组织大家在自己朋友圈里相互推荐,同时组织群里的朋友2小时之内相互加为好友,这样就满足了人们拓展人脉的需求。

4. 定时清理人员

直播企业和个人在清理群内人员时,可以参考下面的话术:今天晚上20:00本群将清理一部分长期潜水不说话的小伙伴,在线的朋友请打1,发完上边那句话后再继续说"今天要搞个活动",先清理一部分人后再开始活动。这种行动主张很有意思,你会看到很多人在群里签到,群里一下子就会活跃起来。

5. 建立闪聚闪离群

直播企业和个人因为直播预热,常常需要做闪聚分享群。闪聚闪离群的生存周期是 24 小时,当你向群内人员分享了直播的时间或话题后,在群内的气氛非常好的时候,可以告诉大家,本群已经完成使命,明天中午 12 点准时解散,请大家互加好友。当你宣布的时候群友往往会大呼,这么有价值的群为什么要解散,下一次怎么相聚等问题,这时你要在群里推出下一次分享的内容,告诉他们添加群主微信签到,可以进入下一次的分享群。事实证明,每一次解散群都会为新群主吸引来几百位精准的粉丝。解散群是为了让群更有价值,没有人去维护的群,没有主题的群,就没有必要留着。

最后,需要提醒直播企业和个人的是,对那些扰乱社群发展的人要及时清理,别不忍心,千万不要“一颗老鼠药坏了一锅汤”,一定要学会处理群里成员的关系,发展适合自己的粉丝,通过他们带来更多的粉丝。长期活跃度良好的几百人的社群可以给你带来的价值,绝对比一个几万人的僵尸群还要多。所以,在直播的同时要创建好自己的社群,完善自己的管理体系,打造直播＋社群的双向运营模式,这样在未来的竞争中才能占据不倒之地。[①]

6. 维护核心粉丝群

一口不可能吃成胖子,对于普通的直播来说,不要一开始就想着拥有大量粉丝,应该先稳定核心粉丝群。什么是核心粉丝群?就是那些始终观看直播,并对直播企业和个人有深度认同感的人。直播企业和个人先要把这部分人聚集在一起,大家多交流,让群成员畅所欲言,在轻松的氛围下相互认识。

在稳定了核心粉丝群之后,直播企业或者个人可以根据群聊天内容,延伸出一种亚文化,这种亚文化能够很好地指引直播的运营。为了方便管理,可以在社群里找一个具有号召力和管理能力的小伙伴对社群进行基本的维护。

如果直播企业和个人一开始就直接大刀阔斧地建设大群、固定内容,可是连核心粉丝都没到位,那么这个群就缺乏一个有力的支柱,很容

---

① 管鹏,刘兴隆,李七喜. 带你一起做直播[M]. 北京:当代世界出版社,2017.

易垮棚。有了核心粉丝群效果就不一样了,核心粉丝会带领整个群往正确的方向发展,不用担心会跑偏。直播企业和个人在维护核心粉丝群时可以使用准入制,设置一个门槛,只让核心粉丝进群,不让打着核心粉丝名义的人进入。

三、粉丝营销——如何让粉丝成为免费推销员

商业的变化日新月异,不管是企业还是个人,想要发展长远,都必须借助网络的力量。如今每个人都和网络紧密相连,微博、QQ、朋友圈我们都不陌生,庞大的"网民群体"成了商家争夺的对象,买粉丝、买"水军"的现象比比皆是,这种现象就支持了"粉丝经济"。

网络营销讲究"粉丝才是硬道理"。在适应时代发展方面,很多直播个人和企业的转型极为迅速,而如何有效地吸引粉丝,开创粉丝经济也成为直播企业和个人的必修课。

直播企业和个人离不开粉丝,但直播类型不同,粉丝群也不同。粉丝多的直播企业和个人流量就大,观看率高,变现能力强。可以说,粉丝已成为直播企业和个人未来兴衰和成败的主宰。

互联网时代,不管是直播企业还是直播个人,拥有大量粉丝和极高的关注度是非常让人羡慕的。在这个"粉丝就是金钱"的时代,只有粉丝够多,利润才能得到保障。

意识到这一点之后,很多直播企业和个人开始在粉丝营销上大做文章。粉丝营销成功了,直播营销也就成功了。纵看如今直播+粉丝营销成功的案例,是否有规律可循呢?本节系统地介绍了几种粉丝营销的方法,希望能为直播企业和个人决战商海,成功创建直播千万粉丝团助一臂之力。

(一)粉丝体验是最强的"直播 + 粉丝营销"

衡量粉丝忠诚度的标准,就是看他们是否愿意帮你的产品或品牌做宣传。只有他们的体验达到或超出了预期,他们才会帮你做宣传,告诉朋友和同事。如果一款产品和品牌的用户体验非常好,它必然会被众多用户主动传播。

粉丝体验,其实就是粉丝在使用你的产品或观看你的直播时产生的

感觉,如果粉丝的感觉是好的,你的产品必然会销售火爆,直播必然会成功;如果粉丝的体验不怎么样,你的产品必然面临被淘汰的命运,直播肯定也是无人问津。因此,直播企业或个人如果想通过直播销售产品或进行品牌推广,除了要尽量完善自己的产品外,更重要的是,在直播时要让粉丝产生一种愉悦感、成就感、优越感,这样,粉丝才可能获得好的体验,直播也才有可能获得长久的生命力。①

对于粉丝体验,必须要贯穿直播的每一个细节,以及粉丝使用产品的各个环节,并自始至终地为粉丝考虑,将"粉丝体验至上"作为指导原则。通俗地说,就是直播企业和个人要找到粉丝的需求,了解粉丝最需要的是什么。

小米科技公司事业部总经理唐沐总结了自己对粉丝体验的实战经验,笔者借用他的话来告诉直播企业和个人如何做好粉丝体验:找到痛点,定义场景;体验做透,方案优雅;保持克制,体验闭环;小步快跑,快速迭代。

(二)针对不同的粉丝群体,采取不同的营销策略

直播中粉丝类型所占的百分比,可以分为以下三大类:领袖粉丝占比5%;品牌粉丝占比15%;围观粉丝占比80%。

围观粉丝大多来自直播活动,这些粉丝的需求是有趣的内容和活动。在直播中,这类粉丝可以起到聚集人气的作用,还可以成为传播信息的基础粉丝。

品牌粉丝大都来自品牌的长期积累,除了需要有趣的内容外,他们更喜欢获得客户服务及利益,这类粉丝是忠实粉丝,也是最典型的消费者样本,还是市场调研和品牌调研的最佳对象,他们有助于企业提升产品和改进品牌形象。

领袖粉丝大都来源于公关资源,作为意见领袖型粉丝,他们可以在传播中引导方向,增强传播的穿透力。

在直播时,企业和个人可以根据三类不同的粉丝群体,采取不同的营销策略。具体来说,我们可以通过创意活动直播和有趣的内容直播等聚集围观粉丝;可以用直播中热情的互动和调查研究及品牌改进,巩固

---

① 管鹏,刘兴隆,李七喜.带你一起做直播[M].北京:当代世界出版社,2017.

品牌粉丝;在直播中通过对粉丝的关怀、尊重、引导和分享,吸引领袖粉丝。

(三)粉丝营销的五大系统

构建以直播为核心的粉丝营销是一项系统工程,主要包括五大系统:用户、梦想、产品、信息、社群。为了更好地在直播中做好粉丝营销,下面将对这五大系统的具体操作进行简单讲解。

用户:直播企业和个人在直播的过程中,一切都要以用户为中心,尽可能了解用户的一切。精准定义自己的用户,一开始越聚焦越好,不要试图讨好所有人,让爱你的人更爱你,恨你的人更恨你。想象自己是用户会有哪些需求,如何保证用户的利益。经常思考用户到底需要什么,我们的直播是否能满足用户的需求。

梦想:任何直播最初只是一个想法,看似遥不可及,最终成为现实,可见人因梦想而伟大。直播主持人要勇于释放自我,展示自己的独特个性,敢于发光,主动分享,用梦想的力量去感召志同道合的人,因吸引而关注,因喜欢而跟随。打造主持人的个人品牌,将梦想、价值观、生活方式照进用户的世界。

产品:直播企业或个人如果想将产品销售出去,就要分析用户痛点,打造爆款。专注于产品生产,将产品做到极致。直播主持人要参与到产品的具体工作中,做到对产品了如指掌,确保产品是用户想要的。

信息:以直播平台和社会化媒体为主阵地,确保与用户的互动交流及时高效。直播主持人要为产品和企业代言,向用户传递信息。

社群:集合粉丝,进行社群化运营。建立规则,以共同的价值观统领社群,以特有的生活方式营造社群文化,让粉丝有归属感。线上线下结合,把人气聚合起来,尝试将粉丝活动和客户体验转变成一种生活方式。基于身份归属,让粉丝参与到产品研发、渠道开发、传播推广中来。

这五大系统遵照"从粉丝中来,到粉丝中去"的原则,始于精准化用户,终于组织化社群,过程中以梦想为价值引领,以产品为服务载体,以直播为沟通方式。这五大系统相互支撑,缺一不可。

到此为止,关于如何在直播中进行粉丝营销的方法已经介绍完了,以上内容中最重要的是什么? 答案是立即行动起来,去实践去运用。粉丝营销并不难办,就是行动起来,越早越好!

四、口碑营销——产品极速传播的技巧

口碑营销的根本目的和作用,是在消费者心中留下好感、建立起信任。现在大家在网上购物都有一个习惯,就是打算买某一件商品时,会先看看消费者对该产品的评价,然后再决定是否购买。当然,没有任何一件商品是完美无缺的,所以消费者的评价也不可能是百分之百的好评,但是评分较高的商品往往会引起消费者的购买欲望,评分高的商品是口碑好的产品,而口碑好的产品可以吸引更多的消费者。

口碑是所有直播企业和个人持续健康发展的重要因素,是其营销成功的基石。口碑营销从传统的口口相传演变而来,通过与直播的融合,发展成为一种新兴的直播营销方式,能够为企业降低营销成本,防范未知的传播风险,表现出很高的商业应用价值,因此受到了广泛的关注。与传统营销方式相比,直播+口碑营销拥有不可比拟的优势。

(一)用产品撑起口碑

如今,已经进入"以口碑选择产品的时代",而企业的良好口碑已经不能仅通过直播的方式来实现,更多的还要依靠优良的产品品质、超过用户预期的产品。雷军曾经说:"一个企业要想拥有好的口碑,好的产品就是原动力和发电机,也是所有营销的基础,如果企业的产品很给力,哪怕直播做得差一点,企业的口碑也不会差到哪里去。相反,如果产品不行,或者消费者不喜欢,那么很有可能会带来负面的口碑效应,不但对直播营销没有帮助,反而会在人们的口口相传中将企业逼上绝路。"

所以直播企业和个人想要有一个好口碑,好的产品是第一步,也是关键的一步。对于企业来说,口碑就是生命;而对于"直播+口碑营销"来说,产品就是生命。产品好比是一把"双刃剑",既支撑着直播,又支撑着口碑,而不过关的产品只能让企业的口碑和生命变得岌岌可危。

随着互联网经济的不断发展,消费者越来越重视他们拿到手的产品的质量,也就是说口碑的传播和营销最终还是要依靠产品的质量来说话。对于直播企业和个人来说,要想打赢口碑这场仗,要想直播营销取得成功,就必须过产品这一关。

（二）善用社会化媒体这个口碑传播的加速器

伴随着电子商务和社会化媒体的发展，社会化媒体也成为消费者交流口碑信息的重要渠道之一。消费者为了做出正确的购买决定，往往会通过参考口碑来制定购买计划和决策。随着移动互联网的普及，网络口碑也成为消费者购买决策的又一重要参考。互联网上的评论数量十分庞大，消费者可以根据自己的需求筛选所需的内容。而对于直播企业和个人来说，好口碑需要让更多的消费者更快地知道，因此需要善用社会化媒体这个口碑传播的加速器。

社会化媒体环境下的口碑营销，结合了传统口碑营销和普通网络口碑营销的特点和优点。对于消费者来说，通过网络他们既可以看到亲朋好友的评价，还能看到来自世界各地的评论。而对于直播企业和个人来说，企业既可以加速口碑的传播，又能根据消费者的评论来有针对性地改进或抑制口碑的恶化。

在社会化媒体的大环境下，口碑的传播在沟通渠道、传播方向、匿名性、同步和异步四个方面与传统的口碑传播存在差异性。直播企业和个人要做好社会化媒体下的口碑营销，首先要掌握社会化媒体口碑营销的四个渠道。

当然，每个直播企业和个人的产品和经营情况都不一样，所以在利用社会化网络渠道建立口碑时的做法也不尽相同，甚至是同一家企业，在不同的直播阶段使用的口碑推广渠道也不尽相同，很少有放之四海而皆准的方法。直播企业和个人可根据自己的情况选择合适的传播渠道。

（三）想要做好口碑营销，就要让用户满意

直播企业和个人想要做好口碑营销，就要让用户满意。如果只知道做口碑营销而不注重用户的满意度，那口碑营销就不是为企业的产品做宣传，而是在扩大产品的负面消息。

小米科技创始人雷军曾说过这样一句话："一个公司最好的评价是用户的口碑，同时用户口碑也是一个企业的生命线。一个公司想要处理负面影响，需要花很多的时间和资金去处理，还未必能消除影响，但是用户口碑会很快将你公司的形象传播出去，所以说，用户口碑是电商行业的生存底线。"诚如斯言，对于直播企业和个人来说，如果用户不满意，企

业又拿什么谈营销？拿什么谈粉丝忠诚度？对于消费者来说，在日常生活中，如果觉得某企业的产品非常好，甚至超出了自己的预期，那他的第一反应一定是告诉身边的人，因为每个人都有着自己的圈子。而这个人身边的人又会传播给自己的小圈子，就这样一个一个小圈子，慢慢地就都会连接在一起，形成一个巨大的圈子，而关于这个"产品"的消息便以惊人的速度传播开来。但是如果起初这个人传播的是负面消息，古人告诉我们"三人成虎"，那毫无疑问这些负面消息也会迅速传播开，同时也会越传越恶劣、越严重，最终会给该产品带来严重的负面影响。

所以对于直播企业和个人来说，没有满意度，口碑就是空谈。要知道，只有用户满意的直播或产品，才能形成口碑，而有口碑的直播才能营销成功，只有营销成功的产品才是真正的品牌。归根结底一句话，在直播中，你服务好了用户，用户才会给你点赞，你的好名声才能传播开来。

所谓"机不可失，时不再来"，很多事情的发展都取决于某个关键时刻，很多时候如何做事比做什么事更重要。我们不应有过多的犹豫不决，一般说来，有七分把握就应下定决心了。放更多的心思在直播的过程中，并马不停蹄地去做，那么直播＋口碑营销会大大提高，机会也将随之而来。

第四节　直播营销新打法

"无直播，不传播"这句话已成为品牌的共识。直播的势头已经阻挡不住，品牌传播的直播纪元也随之而来。面对这种新的营销模式，很多企业纷纷试水，无论是"欧莱雅""美宝莲"，还是"惠氏"奶粉、EIIE杂志，这些企业的成功尝试都给其他企业做出了榜样。但是不是所有的直播都能像这些企业一样成功，随着直播的"泛滥"，用户对直播的要求越来越高，如果你的直播无法给用户带去好的体验，那么可以说徒劳无功。本节就针对直播所引发的营销创新方法给出剖析。

一、多个直播间共同联盟的方式

在直播中，想要带给用户更多的体验感，首先就要在外在感觉上实现。比如多个直播间共同联盟直播的方式就非常可取。

打个比方,一部电影拍摄完成之后,会在国内进行宣传,甚至去国外宣传,目的是什么,是为了让更多电影院购买这个电影播放版权,同时让更多用户去观看影片。多一个电影院播放,就多一批观众,那么对电影的传播和票房都有直接影响。直播也是同样的道理,直播可以分为两种情况。

第一,多个直播平台共同直播一个营销事件。

在这里要详细解释一下:为了给更多的用户带去直播体验,很多企业会选择与多个直播平台合作,在不同的直播间里共同直播一个营销事件。当然,在这种方式中,想要获得用户体验,就需要做出优秀的直播,比如邀请知名网红做直播,或者邀请明星加入,尽可能地引起人们对直播的热议和分享转发。这样的多平台直播才能让企业的直播营销展现魅力。

第二,多个直播间做不同的营销事件。

另外一种直播的方式就是利用多个直播间做不同的营销事件。这也很好理解,在这里,我们以一个在淘宝销售服装的企业为例,这是一家以卖时尚女装和鞋包的店铺,为了宣传自己的产品,给不同的用户带去不同的体验,店家首选在"淘宝直播"中做直播,在"淘宝直播"中,店家用服装搭配和一些优惠的方式做直播。一来可以给用户带去服装搭配的体验,让用户在观看直播时可以学习搭配,自己动手感受时尚的魅力;二来在直播中给用户送优惠和福利,可以促使用户当场购买。①

二、趣味直播,带去丰富的直播体验

趣味直播是一种简单的直播体验营销方法,是在直播中加入有趣味的东西,让直播幽默起来,这样用户在观看直播时就会感觉到一种独特的体验。

在直播进程中,很多企业的直播内容十分传统,甚至就是在与用户聊天,如果是明星、名人与粉丝聊天,这样的直播或许会获得关注,但如果只是普通的店家、企业,这样的直播毫无体验感可言,更不可能通过这

---

① 高长利,李伟东,郭春光. 直播营销:互联网经济营销新思路[M]. 广州:广东经济出版社,2017.

样通俗无聊的直播赢得销售转化。因此,在直播中,加入一些有意思的东西,会让用户在体验上大大提升。

第一,加入用户少见的东西。

没有人愿意自始至终坐在那里听你"说教",更没有人会在意你在直播中讲的产品数据、规格参数等。人们更愿意看到一些新鲜东西,这些东西对他们而言是一种新的趣味体验。

当然,做出趣味的直播需要的是策划。首先要在主题上策划得有吸引力,充分利用一些新闻、时事热点抓住人们的猎奇心理,用一个炫酷的标题吸引人们前往点击观看。其次,在直播中还可以加入一些奇葩的段子,甚至可以搞笑、幽默,这样的直播会很有趣。用户对那些自己没有看过的东西往往具有猎奇心理,企业就应该抓住这种猎奇心理,然后对症下药,做一些独特的直播,给用户带去非常规的体验。

第二,聚集网红,直播才能红。

在趣味直播中想要赢得用户体验,还需要有一些明星或者网红来引导,尤其是网红主播的加入会让直播更加趣味、生动。网红本身是一种IP,这种自身吸引粉丝的力量也会转化在企业身上。同时,在直播中,网红还需要与用户进行趣味互动,比如玩游戏、聊天、说段子等方式,这些趣味的互动也能很大程度上让一些路人转化成粉丝,进而对企业产生好感。

趣味直播的方式还有很多,企业在尽可能去借鉴和学习那些成功企业做法的同时,还要充分结合自身的特点开拓一些新鲜有意思的直播,加入新元素和新趣味的关系,做一个符合企业自身特色的直播,这样的直播才更具体验意义。

三、用高科技 VR 打造立体直播

在直播的体验中,企业应该充分发挥"艺术＋技术"的特色,尤其是在技术上,要给用户打造一个视觉和感官上的双重体验,比如加入 VR 技术,让富有立体感、全景模式的技术融入直播,让用户感受到不一样的直播体验。

VR 直播可以解决时间、空间上不可协调等需求和痛点,弥补了粉丝不能亲临现场,不能近距离接触,不能融入现场气氛的遗憾。观看

VR直播更能提升观看效果,使粉丝体验感飙升。VR技术在直播中的运用不仅仅用在明星的演唱会中,体育行业、时尚行业、电竞行业早已涉水VR直播。

VR直播具有场景真实、全景模式、立体炫酷等特点和优势,加入VR技术的直播,则是现在新直播体验的风口。在当前几百家直播平台中,VR直播正在以一种全新的视角来完善移动直播。通过把当下最流行的VR技术与手机直播结合,直接把手机直播行业抬高了一个门槛,这将给用户带去的是一种全新的立体体验。

加入VR技术之后可以将影视式新闻现场采访、事件发布会、体育赛事、选秀现场、脱口秀娱乐、虚拟购物、虚拟旅游等行业容纳进来,如此一来直播的延伸范围会更广,体验也更加深入。利用VR技术,在直播中不仅可以让用户感受到立体体验,更能激发场景消费,因此这是一种独特的、强有效的营销方式。

四、打造超清、超酷、超刺激的直播体验

越来越多的直播平台现在做的是体验,而不是单纯地在镜头前讲产品。扩大直播的广度以及深度,让直播真正成为连接人和各种虚拟的场景纽带,这成为体验营销的一个重要部分。

这种体验首先体现在视觉上面。如今用户对直播的要求越来越高,如果你只是坐在一个封闭、毫无特点的房间里做直播,那么这样的场景,这样的画面和视觉,很难激发用户的激情,让用户感受不到好的体验,没有体验,那么直播就是失败的。

用户可以通过直播这种方式来增长见识,足不出户便可游历万里。因此,直播本质上并非很多人眼中的低俗不堪的秀场,它还存在着很深的意义,并因此蕴含着强大的生命力。

直播打造出来的视觉上的刺激一言难尽,但是最起码要做到三点:超清、超酷、超刺激。带有这"三超"的直播才是最吸引人的直播。

"三超"的一个核心点就是清晰。没错,现在很多电视节目的直播已经达到了4K技术,但是在一些网络视频直播中却依然没有实现,那么用户在观看直播或者做直播时,就很难有好的视觉体验。因此,全高清的直播技术很有必要普及,也是众多直播平台应该实现和攻克的一个技

术关口。

企业需要跟上形势,选择一些已经突破高清技术直播的平台合作,这样直播才更让用户觉得有意思,在体验上更胜一筹。当用户的体验感达到了很好的效果,那么即便一开始就收费,用户也是愿意的。

当企业选择好高清的直播平台之后,如果还是一味沉浸在过去老套的直播中,不加以改变、加料,那么即便再炫酷的视觉也无法给用户带去新鲜的体验。因此,企业要在高清的基础上做让用户感到刺激的直播。

一些旅游企业,可以借鉴这种方式,在户外的旅游体验直播中,加入一些新鲜刺激的玩法,比如让主播亲自玩蹦极、走玻璃栈道等。这样的直播不仅接近景区的细节,更展现出了景区和游客真实的一面,也展示出了在这些景区旅游的超刺激体验。当然,不仅是旅游企业,其他企业一样可以借鉴这种直播方式,加入刺激的元素,给用户带去不一样的感受。

五、用艺术跨界的形式做直播

体验来源于什么?来源于生活,可以说一切的营销活动都是来源于生活,因为贴近生活,人们才愿意看,也才能深有体会。在很多成功的企业营销案例中,我们经常看到以艺术为主要形式的营销,比如可口可乐、麦当劳等企业都曾经借助艺术的形式做了很多成功的营销,获得了大家的认可。在直播如日中天的当下,用艺术跨界的形式做直播非常有效,可以给用户带去不一样的艺术氛围。

用户在观看直播时,对产品及企业也产生了不一样的认识,从最初的产品品牌一下子体验到了艺术的升华和高境界,这也给企业吸引了不少的新粉丝。给用户一种艺术上的体验,可以改变用户对企业、产品的印象和深度认知,这样的体验是不可多得的。

在直播中,为了突出企业的艺术情操和韵味,可以邀请一些知名的艺术家打造一个别开生面的艺术直播。当然,在这里,我们需要注意几点:艺术家不一定要很知名,但要有一定的影响力;艺术家要符合观看人群设定,比如一些年轻街头艺术家、年轻的海外设计师等;艺术表演要与产品结合起来实现以上3点,就可以通过艺术家在直播中给用户带去一个艺术盛宴。

选择用艺术跨界的形式做直播,一定要避免主播和艺术家自说自唱,不与用户互动。事实上,如此自我的直播,即便邀请了艺术家,也无法让用户深入体验。

正确的做法是在艺术跨界的直播中,需要与用户不断互动,听从用户的心声,让用户也参与到艺术直播中,这样的直播才能让用户的体验更加深刻和更加深入。

采用艺术跨界的形式做直播,可以很好地宣传企业的内在文化精神和理念,给用户带去深度认知。更重要的是,借助艺术形式的直播,可以给用户带去不一样的体验,给用户带来后续持久的深刻印象,这才是企业直播的真正目的。

六、邀请用户参与直播,形成良性互动

做直播营销,离不开用户的体验。体验也是直播营销的一大特色,甚至成为直播的优势,因为直播是以现场视频的方式,全面开放给用户,所以在直播期间,企业的营销花样可以以更多形式展现,只为给用户带去更佳的体验。

直播在体验营销方面的最大优势在于可以带给用户更直接更亲近的使用体验,甚至可以做到零距离互动,很明显这是其他营销方式不曾达到的。传统意义上直播营销的互动体现在评论、打赏、送礼物上,但这些都只停留在表面,并没有将直播的实时互动性的优势发挥得淋漓尽致,真正展现直播体验的还应该是让用户参与进来。

那么如何才能在直播营销中让用户主动参与,获得体验呢?

第一,企业有奖邀请用户参与直播活动。

在体验方面,让用户参与进来才是一种真正的直播体验。企业可以邀请用户一起参与直播活动,这不仅为用户提供了参与直播的机会,更为企业带来了巨大的宣传和推广效果。当然,想要让用户积极主动去参与这样的活动,企业需要动点心思,比如可以以抽奖的方式让用户去参与直播。

在这个方法中,企业需要注意的是要拿出诚意,让用户积极主动参与直播,这个诚意必须要有分量,才能足够打动用户。而且企业还需要想办法让你的这种全民参与直播的话题,上一次微博头条或者热搜。这

样的直播体验才能真正扩散到更多用户群中。

第二,让用户参与直播环节,产生高能互动。

还有一种让用户参与直播的方法就是让用户参与到直播的环节中。以往的很多直播都是企业在镜头前说说笑笑,用户只需要打赏或者评论,最多就是主播按照用户评论的要求互动做直播,这样的互动参与已经足够新颖,是其他营销无法达到的。

但是真正能够让用户参与直播,获得体验的方式还应该更加直接、更加刺激,比如让用户真真正正地参与到直播环节中,与在直播的人产生高能互动。因此,让用户参与到直播环节中,产生高能互动的直播营销才称得上是好的体验。当然,在这里要提醒企业,在设计这些让用户参与的直播环节时,一定要按照相关规定实行,不能超越法律和相关规定的界线。

七、细化的直播体验,与用户达成共鸣

在一般意义上的直播中,所谓的体验是什么?无非是企业在直播中讲述产品,然后与用户互动,用户通过评论发表一些看法;或者是企业策划好一些直播主题和内容,根据章程走直播路线。

但无论企业直播策划得再好,似乎都不能走入用户内心,那是因为没有在直播中真正细化体验。什么是细化体验?就是让用户真真正正零距离感受企业的一种氛围,这是一种可以让用户自然而然融入其中的体验。

这里介绍两种具体的做法,一是直播中让用户有决定权,给用户零距离当主播的机会;二是主播亲自试验产品并征求意见,这种方式本身就是一种独特的体验。

第五节　直播营销实战案例

直播的汪洋大海席卷了无数个领域,没有谁能避开这一轮又一轮大浪淘沙般的洗礼,无孔不入的直播已经将各行各业包罗其中,谁能抓住直播经济中的商机,谁就有可能是未来的赢家。下面介绍成功的直播营

销案例,希望可以摆脱空洞道理的虚无感,而将如何做直播的方法充分展现出来,帮助企业和个人从新手快速成为直播的行家里手。

papi 酱:八大平台直播,2 000 万人围观

papi 酱被称为"2016 年第一网红",是依靠短视频起家的,在短视频捧红了一批网红的情况下,直播作为一匹黑马杀进了互联网的社交模式之中,因此 papi 酱也将自己的目光投向了直播。

2016 年 7 月 10 日,papi 酱公布了 7 月 11 日将做首次直播的消息,立刻引起了各方面的关注,美拍、一直播、花椒、斗鱼、熊猫 TV、百度视频、优酷直播、今日头条八大直播平台同时直播了 papi 酱的这次"互联网直播首秀"。根据有效统计,直播从 21:00 开始到 22:30 结束,这期间全网在线观看人数达到 2000 万。

直播中的 papi 酱没利用变声器、视觉特效等平时用在短视频中的技术,而是素颜,穿着黑色连衣裙,将最真实的自己展现在粉丝面前。在直播一开始,她就表示了自己有些紧张,显示出她普通人的一面,但是 papi 酱也不忘表现自己搞怪的一面,充分发挥特色,一路讲出爆笑片段,粉丝也是一路"点赞"。紧张害羞的 papi 酱还在直播中直言:"我一紧张就容易说北京话,我不仅说北京话,我还会'北京瘫',不,我这是'papi瘫'。"说着,她就肆无忌惮地滑下了椅子,表演了继"上海瘫"之后的全新的"papi瘫",导致直播屏幕瞬间被粉丝的弹幕刷满。papi 酱还像普通人一样和粉丝们聊起了"家常",谈论了毕业典礼和现在的老公——老胡,并表示"要珍爱自己的同学,他们很可能以后会是自己的老公或老板"。papi 酱灵巧地和粉丝在直播中进行热烈的互动,利用自身的经历稳固了与粉丝之间的联系。

papi 酱的此次直播活动只是一次试水,她还没有在直播中融入任何商业元素,只是单纯地想用直播来维护人气,但是 papi 酱的这次试水,让她成功地收获了大量的流量。实质上,papi 酱自身就是流量的集合体,虽然 papi 酱还没有"明星"的头衔,但是她直播带来的最终效果甚至可以超越很多明星带来的效应。这一切都是"全民直播"时代下独有的文化现象,是直播作为社交重点模式影响互联网信息传播的重要体现。虽然 papi 酱没有在直播中销售任何产品,但是据网友的计算,"打赏"papi 酱的礼物可能就有 90 万元,尽管针对"打赏"的这项数据各大直播平台都没有做出回应,但是 papi 酱在八大平台上共吸引了 2 000 万人的关注是铁定的事实。

不过 papi 酱从短视频到直播的转换，并没有获得所有人的认同，papi 酱的这场直播，很多观众还是觉得略显"粗糙""单调"，并且在部分直播平台上甚至出现了严重的"掉粉"现象。比如，原本直播中 papi 酱的粉丝超过了 400 万人，但是当天直播结束之后，其粉丝人数降到了247 万人。然而"掉粉"现象并不能证明 papi 酱的直播就是失败的，因为papi 酱的直播与一般的直播不同，她的直播价值更体现在"直播后"。

微博目前仍是 papi 酱直播预热和后期宣传的主阵地，所以在直播结束之后，papi 酱直播首秀的视频仍被重复观看，这也造成了观看量的持续上升。由此可见，papi 酱实质上是使用了传统的社交平台与直播相结合的方式，利用"直播＋微博"创造了大多数直播做不到的"直播后"的价值实现。在一般情况下，大多数主播在直播的时候，都不会刻意录下直播内容，即使录下来了，并将这些直播视频放到微博、优酷等视频社交平台上，也很难实现高点击率；就算有一时的点击率，往往也很难实现长久的效果。但是 papi 酱的直播视频，至今在微博、优酷等社交平台上还有上百万的点击量，这是 papi 酱个人 IP 创造的独特价值。

因此，从这方面来看，papi 酱的直播是一次成功的试水。papi 酱不一定要实现从短视频到直播的转变，但是她可以采用"直播＋"的方式，让自己的视频站在直播的角度上创造更大的价值。而"全民直播"的大前景为 papi 酱提供了直播视频的传播背景，让"papi 酱直播"成为微博上的热门话题，进一步吸引了更多的流量，从而为 papi 酱的短视频众创平台"papitube"输送了流量基础。①

---

① 刘兵. 直播营销 重新定义营销新路径[M]. 广州：广东人民出版社，2018.

第五章 新媒体软文营销

软文营销之所以能够得到如此广泛的运用,自然有它的道理。软文营销往往能够快速、低成本地将企业的产品和形象在互联网上实现推广,以此来提升企业和产品的知名度,让用户能够快速地知道品牌和产品。这种既省钱又省时的方法,自然成为众多企业和媒体人的营销手段。

第一节 软文营销概述

所谓软文营销,是指通过特定的概念诉求,以摆事实、讲道理的方式使消费者走进企业设定的"思维圈",以强有力的针对性心理攻击迅速实现产品销售的文字模式和口头传播,包括新闻、访谈、采访、口碑等。

一、软文概述

文章人人都可以写,但是软文写作就必须经过一段时间的学习和磨炼才能掌握。软文主要是公司内部的一些策划以及文案人员,通过自身对行业的了解进行布局,最后在热门文章、经验分享、短片故事以及好奇八卦等类型的文章中植入本公司的产品,以此来提高公司的曝光度和促进公司的产品销售。

在传统意义上,我们对广告的认知就是纯粹的广告,这种纯粹的广告我们称为硬广。经过不断地创新,于是就有了不偏离核心,却又更加容易被用户接受的软广,也就是软文。

在最开始出现的时候,软文的效果并不理想。因为软文质量不高,虽然相比硬广大大节省了成本,但是难以被大众接受。然而,随着互联网渠道和各种新型平台的诞生,软文也随之变得多样化,更加容易被用户接受,也成了各个行业在互联网上的营销利器。

(一)省钱

企业为了实现产品销售,会投入大量成本用于宣传、推广。尤其是我们所看到的硬广,比如线下的各大地铁公交站,线上的视频播放前的广告,都属于硬广,而且效果也非常好。但是这类广告的成本非常高。在互联网上,形形色色的广告层出不穷,我们都知道百度成了中国非常知名的网络搜索引擎,而 CEO 李彦宏也成了富豪榜上的名人,但是有人会问,我又没有付钱给百度,他怎么挣钱呢?你是没有花钱,但是商家花钱了,这就是百度竞价的核心所在。

所以只要涉及广告,就必然是要花钱的。但是软文的出现,就解决了企业最大的一个难题。一篇软文靠的不是金钱的多少,也不是时间的多少,而是软文写作功力的多少,所以具有省钱、省时间的绝佳优势。再者,一篇优秀的软文是会被用户认同的,互联网上的分享、转载等功能正是在为企业做免费的宣传。[①]

(二)提高网站排名

外链的重要性正在日趋降低,自从自媒体诞生之后,搜索引擎也越来越重视原创软文。现在几乎每个公司都有自己独立的网站,而要想通过网络来销售自己的产品,那么网站的排名就至关重要了。而这一切也与 SEO(搜索引擎优化)息息相关,现在搜索引擎更多地将获得自然排名的重心放在了有价值的原创文章上。所以只要公司拥有出色的原创软文写手,那么网站自然排名的效果可想而知。

(三)增加品牌效应

品牌是一家公司的形象,而且是非常不易建设的,需要花费大量的时间、金钱、人力、物力来提高公司的正面曝光度。虽然建设不易,但是也不代表不用建设,这就像人或企业的成功,都不是一朝一夕实现的。如果我们想要持续性地打造品牌效应,那么最简单的方法就是通过软文

---

① 倪涛. 软文营销实战宝典 创意、方法、技巧与案例[M]. 北京:企业管理出版社,2018.

的方式，不断在互联网各大平台上投放，因为每个知名的网站平台都有固定的用户人群，长久下去，公司的品牌效应自然会得到提升。

（四）提高业绩，增加收入

网站有了排名，自然就有了流量，而流量就具有直接的价值。一篇优秀的软文一定要首发在自己的网站上，然后投放到其他平台。优秀的软文是流量的发源地，软文足够优秀，才能带动网站的流量。

二、软文营销的内涵

软文营销是将商家的广告以软文的形式，通过一些互联网上的推广平台推广出去，让用户看到软文，并通过软文了解商家的产品，最终产生购买的需求。这一连串的步骤，从最初对软文的定位，到产品的成交，都是软文营销的重要组成部分。

许多人在概念上可能有点模糊不清，认为软文推广就是软文营销。其实软文推广只是软文营销的一部分，也就是说，推广并不等于营销。我们经常会在职场上听到有公司招聘营销总监和推广专员，并没有听说过推广总监这个职位，显然，营销是在推广之上的。推广只是简单地让用户看到我们的产品和软文而已，而营销则需要加入一些方案、技巧及布局，最后让用户从心里接受产品和服务。

想要彻底了解什么是软文营销，就要从软文营销的本质、软文营销的方向、软文营销的目的、软文营销的技巧以及软文营销的宗旨五个方面综合了解，如图 5-1 所示。

（一）软文营销的本质

只要在一篇软文中植入了广告，无论是产品广告还是人物宣传广告，只要有广告的介入，我们就得尊重它的商业价值，这就是不折不扣的软文营销。而这种具备商业价值的软文营销，就是广告。虽然这种广告与我们传统印象的硬广有着不同的展现形式，但是我们不得不承认其本质是一样的，而且最终想要达到的目的和效果也是一样的。在互联网上，软文营销所做的广告，远比传统的硬广要更加优秀。

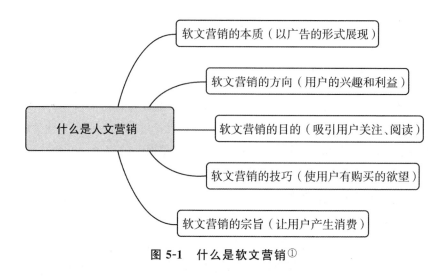

图 5-1　什么是软文营销①

（二）软文营销的方向

　　现在许多公司的写手其实并不称职，因为他们只是简单地将产品优势、产品结构等进行整理，这就像将包装内的说明书重新抄写了一份，并没有什么意义，所以往往这种软文都是反响平平，无法取得任何营销的价值。我们写软文是要面对用户的，所以我们的营销方向就是用户。那么，用户关心的是什么呢？用户其实更多时候是关心你的产品是否有趣，或者能否产生一定的利益，而这个利益就包括了方便、省事、省心、好用等。

　　在软文营销的方向上，我们需要从多个方面去考察用户想要的是什么。这也是我们一直在互联网上听说的用户需求，用户喜欢看什么，我们就从用户喜欢看的地方去撰写软文，并且将广告植入软文中，这才是真正的营销。

（三）软文营销的目的

　　软文营销是一连串的操作，而操作想要达成的第一个目的就是吸引用户关注和阅读，如果连这一点都做不到，更别谈成交了。正所谓饭需

---

　　① 倪涛 . 软文营销实战宝典 创意、方法、技巧与案例[M] . 北京:企业管理出版社,2018.

要一口口地吃,事需要一件件地做,软文营销也是如此。软文之所以称为软文,并不是说这种文章值得细细品味,意味深长,相反,软文是最简单、最直白的文章。我们要非常清楚的是,阅读我们文章的用户都是普通人,普通人更关注生活中的点点滴滴,无论是什么类型,都会有用户喜欢。

我们看到现在软文市场充斥着各种标题党,那么为什么这些标题党会存在呢?正是因为有许多用户喜欢夸张、耸动的文章标题,乐于去看这种类型的文章。如果我们能够通过此类标题加大用户的关注和阅读的兴趣,那就是一篇非常成功的软文。

(四)软文营销的技巧

软文营销之所以被称为营销,是因为软文中植入的广告使用户有了购买的欲望。这就涉及一些营销的技巧了,软文营销的文章必须能够将所要表达的内容说清楚,也就是说,产品的特点、卖点千万不能含糊其辞,使用户无法掌握。

现在有许多网上来的客户,他们怎么来的呢?绝大多数都是看了营销软文,感兴趣之后才加客服微信或者 QQ。软文的作者通过撰写软文,不仅将广告植入了文章,更是将广告植入了用户的心里,让用户产生了购买的欲望。

(五)软文营销的宗旨

无论是吸引用户点击和阅读,还是让用户有购买的欲望,这两者对于软文来说都是成功的,但是对于营销的成功,还需要最重要的一点,那就是产生消费。这就像踢足球一样,你总不能说差一点就出线了;也像考试那样,你总不能说差一分你就能上清华北大了。没有达标就是没有达标,软文营销也是如此,只有用户产生了消费,才是真正的成功。

三、软文营销的核心

任何事情都有它的核心要素存在,软文营销也不例外。下面来了解一下软文营销的三大核心,如图 5-2 所示。

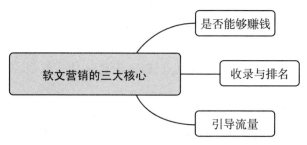

图 5-2　软文营销的核心①

（一）是否能够赚钱

软文营销确实能够赚钱，但是软文营销需要一定的技术和成本才能赚到钱。如果只是写好软文，并放在一些推广平台，是很难等来收入的，这种发布软文后等着用户上门就能挣钱的模式，已经过时很久很久了。因为从业者越来越多，搜索引擎也越来越完善，难度已经非常大了。

判断软文营销的效果好不好，主要还是看经济效益，能够带来合理收益自然就是效果好，否则就是失败的软文营销，需要反思其中存在的问题。在实施软文营销过程中已有了成本投入，如果不能带来经济效益，还不如不做。

（二）收录与排名

实施软文营销需要合适的软文推广平台，方向有两个，一个是自己经营的网站或者免费平台，另一个是付费平台。现在许多付费平台声称包收录，不一定会包排名，这个所谓的收录就是核心，排名是次要的。现在互联网排名准确来说就是首页的十个位置，正所谓寸土寸金，绝对不可能靠低成本得到，要想获得排名，就必须挖掘更深层次的平台。

如果要说既免费又能获取排名的平台，那就当属现在的自媒体平台了，这些平台的排名都非常好，至于原因这里就不多说了，与 SEO 有关。我们可以通过比如百度百科、百度知道、百度文库、百度贴吧等渠道，来保证我们的软文能够保持非常好的排名。

在做软文营销的时候我们一定要记住，不能只是写了、发了就不管

---

① 倪涛. 软文营销实战宝典 创意、方法、技巧与案例[M]. 北京:企业管理出版社,2018.

了，一定要好好分析，哪些网站是值得投放的，哪些网站是虚假的，最后不断地整理，才能将软文营销中的"营销"二字发挥到最大效用。

(三)引导流量

流量是什么想必大家已经非常清楚了，正所谓有流量才会有收益，互联网上流量越多就表示用户越多，自然成交的几率也就越大。如何引导流量，也是我们做软文营销的核心之一。我们总不能说，写了一篇优秀的软文，也被数以万计的用户浏览，但是用户却不知道怎么找到我们，这就相当于你努力了，做好了，客户也想要购买了，你却把门关了，这就得不偿失了。

所以我们在软文中必须添加一些引导流量的关键，比如自己的联系方式，公司的地址和电话等，以方便用户能够找到我们。只有用户找到我们，我们才能将流量变现，才能赚钱。

现在许多平台由于审核比较严格，不让用户带外链或者留电话、QQ、微信。后来大家慢慢发现，可以将联系方式、官方网站等重要信息通过 PS 放在图片上，然后引导用户添加和关注。

第二节　软文营销的基本框架

一、软文营销的标题

在学习了如何布局关键词之后，就来到软文最直观也是最能引人注意的部分，那就是标题。如前所述，软文的关键词可以比作一栋房子的地基，而标题就可以比作房子的外表装修，也可以说是店铺的门面。门面设计得是否足够美观，直接影响着是否有客户来店里消费。软文也同样如此，标题好不好，也直接影响着是否有用户会对文章感兴趣。文章的标题是一切营销的入口，需要用心研究。

俗话说得好，"题好一半分"，相同的文章，一个好的标题便能够吸引关注和阅读，而如果标题写得一般，缺乏吸引力，估计是没有人愿意点击并阅读的。好的标题可以激发人阅读的欲望，如果这一点都做不到，那软文很难成功。

(一)标题的重要性

从 20 世纪 90 年代开始,互联网逐渐改变着我们的生活,而最重要的一点就是加快了我们生活的脚步,将一切都变得快速、便捷。搜索引擎将网络上的内容进行了分类,用户只需要通过搜索框就能快速地找到自己想要的资料。我们可以看到,虽然用户是通过关键词搜索来获取自己想要的信息,但是真正展现在用户面前的并不是关键词,而是与关键词相匹配的标题。所以我们可以非常肯定地说,一篇软文最重要的关键词并不是体现在软文的内容当中,而是体现在标题当中。

标题就是软文的主题,通过提炼软文的核心内容,并将其整理成一段话或者一个词组就形成了标题。虽然标题字数不多,但是涵盖了整篇文章的核心内容和主要观点,是软文的精华所在。在标题上,我们不仅要表达清楚软文的内容和观点,更要避免过于平庸。标题是千变万化的,根据软文的不同分类,标题就可以有不同的变化。

(二)标题的分类

软文营销是否能做成功,依赖于软文是否是一篇好的文章,而一篇好的软文首先是要有一个吸引人的标题,因为标题是网友们在众多文章中挑选出的感兴趣并点击进去阅读的关键。

如果一个有魅力的软文标题与一个乏味无趣的软文标题同时展现在网友的面前,可想而知,肯定是前者受欢迎得多,而后者定没有什么点击量。由此可见,软文营销中的软文标题是多么的重要。

1. 悬疑式的标题

在软文营销中用悬疑式的标题,可以引发读者的思考,使读者自然而然地跟着作者的思路经行阅读、思考。拿《新备案制度下个人站长该何去何从?》这个标题来说,对于那些心中已经有这样一个疑团的读者,是非常有吸引力的,他们看到这样的标题,会有一种可能会在本文找到答案的感觉。对于没有关注此类话题的读者来说,可以引发他们的思考,想大概了解文章里说的是一个什么样的事情,从而点击阅读。

需要注意的是,此类标题往往更增加软文内容的可读性,否则悬疑设置后,内容太苍白或者太过于常规会给读者一种失望的感觉,从而在读者心中大打折扣,很有可能对企业美誉度具有一定的影响。

悬疑式的标题,在日常生活中也非常受欢迎,拿人们在看电视的时候来说,有一家地方电视把悬疑式标题用得相当的灵活,无论是在综艺节目、电视剧、演唱会等,任何一处过场广告、预告广告、片尾广告都充满了让观众去猜测悬疑式标题后面所诠释的内容。

企业在设置软文营销中的悬疑式标题之前,需要将答案设置好,然后根据答案再来设置悬疑标题,毕竟悬疑是为了答案服务的,如果为了标题的噱头,而答案平实而无质量,只会变成恶意炒作。

要谨记软文营销中的悬疑标题仅仅只是为了悬疑,这样可以博取大众大概1~3次的眼球,很难长久,如果内容太无趣无法达到软文引流的目的,那就是一篇失败的软文,会导致软文营销活动也随之失败。

所以企业在软文营销中设置悬疑式标题时需要非常慎重,并且要有较强的逻辑性,切忌为了标题走钢索,而忘却了软文营销的目的和软文的质量。

2. 对比式的标题

对比式标题是通过对同类商品的对比,突出自身产品的优点,自然使消费者加深了产品的认识。在软文营销中运用对比式标题时,一定要注意文中内容要与标题相符合,不能只单单夸自己产品的优点,一定也要指出对方产品的优点,然后再在对方优点的基础上,指出自身产品的可行之处,方能成为一篇有价值性的软文。

3. 新闻式的标题

一般来说,新闻都具有权威性,因此新闻式标题也比较正规且权威。一般的新闻标题只要清楚描述人物、时间、地点等几个基本的要素即可。

新闻式标题的特点是"一针见血,具有权威性",这样呈现出来的文章可以放在网站的"企业新闻"或是"行业新闻"等类似的栏目中,增加事件的权威性。

4."如何式"的标题

企业在运行软文营销时,可以利用"如何式"的形式,来撰写软文标题,而如何式的标题是针对某一个具体的事情,比如《如何选择好店面才能带来好生意》《淘宝网购物 如何防止上当受骗》，针对具体的文章推出一个"指导性的教程"，同时还可以把广告完美地融合进去。

软文营销中的如何式标题，也可称指导式标题，它除了在标题中扣住"如何""怎样"之类的字眼之外，还可以有"某某的养成之道""更简单某某之道"等的标题出现，照目前来看，软文营销中的如何说式标题在市场中占据了很大一部分的比重。

由于如何式标题，能经常吸引大部分的新人或者对未知领域感兴趣的好奇宝宝，并且较为平稳的标题设置会让人们觉得此类软文广告性比较弱，从而不会太过于排斥。对于读者来说，此类软文的可读性属于较高的一类；而对于企业来说，此类软文能大大地加快软文营销活动成功的步伐。

如何式的标题，它的好处在于可以打广告于无形之中，且有一定的后续性，因为一篇好的指导性文章，读者一定会多次阅读，并且实用性强还具有推广性、传播性，所以此类软文能稳坐软文推广标题的 TOP5 的位置。

企业在运作软文营销时，不能只关注如何式标题的好处，而不去注意一些细微的细节，没有技巧性地去撰写软文，导致软文营销效果不明显，花了时间、精力，却没有回报。为了避免企业走弯路，如何式的标题撰写要注意以下要点：

（1）内容专业性、经验性较强；

（2）软文内容广告插入轻微，切忌硬广植入；

（3）切忌复制粘贴就搞定一篇文章；

（4）原创中适当润色值得注意的老经验，无须生硬添加无用的经验；

（5）选择较好的平台发布。

5. 寓意式的标题

寓意式标题主要是利用比喻的修辞方法，使标题增加吸引力，加深人们的印象，引起消费者的好感。寓意式标题基本上借助了人们的本身知识、修养、情操等，对广告标题给以合理想象的发挥，提高读者的意境。如"奇葩宜家的有什么不死秘籍?"，用"奇葩""不死秘籍"这些字眼，来吸引人们的注意力，诠释出宜家成功地由传统家居行业转型到电子商务家居行业,在业内引起了广泛的关注。①

6. 爆炸式的标题

爆炸式的标题在网络上能很好地吸引住人们的眼球,所谓爆炸式的标题,就是给人一种觉得不可思议的感觉,如"捡破烂三年,他成了千万富翁""三岁儿童竟然会背史记"等,往往这些标题能快速地抓住读者的眼球。

爆炸式标题与普通式标题很容易就能对比出效果,如普通式标题为"软文写作的一些指导意见",爆炸式标题为"他靠一篇软文赚了800万!",哪一个能让你更想点击进去一探究竟? 如果你是"学术流",喜欢指导交流性意见的文章,当然会点击普通的标题,但大部分读者是会比较愿意点看起来盆满钵满的标题,来进行深入了解。

爆炸式标题一定要突出能够让读者得到目的性比较大的内容,如读者需要美容那就要点出美容的最大好处;要赚钱那就让读者感觉到一种短平快、好操作、低成本的理想画面;想育儿那就体现出要分分钟好妈妈养成不费力的感觉等。以此,使读者的自身目的性与标题的爆炸内容高度契合,从而来达到吸睛致胜的作用。

爆炸式标题也可以用在品牌产品或者高销量产品上,用爆炸性的数据来吸引人,特别适用于电商标题,如:"月销1000万的某某产品",不过这种标题现在过于频繁,且本身重点还是要以产品自身的优势为主,所以尽量从分析消费者心态、目的性的角度来设置爆炸式标题。

7. 总结式的标题

软文营销中的总结式标题特别受企业、读者喜爱,而总结性的文章都是别人的一些经验总结,读者可以很容易地接受文章中的经验总结与信息,当然对写手的逻辑性要求也很高,通过对大量文章的阅读对比,给读者一个眼前一亮的结果。作为目的性明确的总结式标题,软文的内容要注意具有一定的权威性及学术性,或者至少经验性较强,切忌出现天下文章一大抄,好不容易吸引人点进来看,发现都是妈妈说过的老经验。

值得注意的是,总结式的标题还需要避免过于重复,如心灵鸡汤之

---

① 周慧敏. 一句话打动消费者 软文营销实战写作与案例分析[M]. 北京:中国铁道出版社,2015.

类,行业内的高频率词汇需要慎用,这种标题可以适当用一些行业内的行话,在运用时不要过于生僻,要让读者感受到软文撰写者的专业性,达到"诱敌深入"的效果。

8. 直接陈述式标题

所谓的直接陈述式标题就是直奔主题,把要表达的信息通过标题陈述出来,比如说"百度旗下 C2C 网站有啊正式上线了""ResellerClub 成亚洲最大域名注册商"等直接进行宣传的标题,多用于新闻式的软文,直接把要表达的软信息传达出来,受众一看就明白了。

直接陈述式标题的优势在于,能够直接把品牌、产品及主打的内容通过标题透露给读者,能达到看到标题就能知道大体内容的目的,简单明了。不过弊端在于这种标题更适合于本身具有一些知名度的电商、产品或者企业使用,比如在淘宝经常看到的"膜法世家打折啦!!"等。

直接将品牌名称放在标题里。非品牌产品如果用直接陈述式的标题可能会显得过硬,达不到软文标题的效果,反而像硬广,让人看到标题就避开,不会查看内容。

所以针对小微电商,如果采用直接陈述式标题,尽量选用自有货源中知名度较大的品牌产品做标题内容的主语来进行陈述,并且直接陈述式标题也要贴合当下,具有较强的实效性。

二、软文营销的内容布局

软文营销之所以大受企业的喜爱,其中有一个重要的原因就是,软文营销中的内容形式多种多样,它不会使企业受到限制,不过企业想要在软文营销的世界里大展拳脚,那还得摸清软文营销内容布局的方式。

(一)悬念式布局

所谓悬念式软文营销,是指把一个完整的故事在情节发展的关键点分割开来,通过设置悬念的方式来持续吸引受众的关注。想要制造悬念可用以下三种形式。

(1)设疑,这个疑问随着文章展开逐层剥开;

(2)倒叙,将读者最感兴趣、最想关注的东西先说出来,接下来再叙

述前因;

（3）隔断,叙述头绪较多的事,当一头已经引起了读者的兴趣,正要叙述后面的事时,突然中断,改叙另一头,这时读者还会惦记着前一头,就造成了悬念。

值得注意的是,悬念式营销需要提炼一到两个产品核心,神秘的卖点,根据进度慢慢抖包袱,即所有资讯不要一次放完。要做到这一点并不难,只要沿着正确的方向,按照合理的三步走即可布好软文营销内容的局。

第一步,不要过早点明结局。所谓悬念就是要让一些神秘的东西悬而未决,否则一旦神秘的面纱被揭开,那就起不到吸引人的作用了。

第二步,充分重视受众的感受,并根据受众的期待和建设发展情节。重视个人的主观意志,喜欢发表自己的见解,习惯快速浏览信息,重视感官体验等,都是当下人们认同的生活和思维方式。如果能紧密结合这些心理需求,那么营销就能取得成功。

第三步,不断深化冲突,把最精彩的东西留到最后。

（二）并列式布局

并列式软文营销内容布局,是指从若干方面入笔,并列平行地叙述事件,不分主次地说明事物,可以将事件论题分成几个方面来叙写、议论和说明,每个部分相互是并列平行关系,是独立的主题。

并列式软文营销的内容基本上有两种布局方式,

（1）围绕一个论点,运用几个并列关系的论据,并列的各个部分必须是平行的,要防止各个方面交叉或从属;

（2）围绕中心论点,平行地列出若干分论点,并列的几个内容各自独立,要紧紧围绕一个中心。

（三）总分总式布局

软文营销的内容运用"总分总"式的布局往往是在开篇就点题,然后在主体部分将中心论点分成几个基本上是横向展开的分论点,最后在结论部分加以归纳、总结和必要的引申。具体写法如下。

一个点明题意的开头部分（总1）,简洁醒目,作为文章的总起部分。主干部（分1、2、3、4）作为文章的分述部分,它的几段互相独立,从不同的角度表达中元在编排先后的次序上一定要斟酌。

结尾(总2)是文章的总结部分,它不仅是主干部分的自然过渡,而且还会是对主干部分的归纳小结,又是对开头的照应。

(四)层递式布局

软文营销中内容的层递式布局方法可以用于议论形式的软文中,特点是在论证时层层深入,一环扣一环,每个部分都不能缺少。论述时,先提出"是什么",再分析"为什么",最后讲"怎么样",也是层递;讲道理层层深入,也是层递。

运用层递式结构要注意内容之间的前后逻辑关系,顺序不可随意颠倒,逻辑严密,能说明问题,而这种采用层递式布局的软文,就属"脑白金"软文系列运用得最为普遍了。

(五)片段组合式布局

软文营销内容中的片段组合式布局又称为镜头剪接法,是指根据表现主题的需要,选择几个典型生动的人物、事件或景物片段组合成文。主题是文章的灵魂,是串联全部内容的思想红线,因此,所选的镜头片段,无论是人物生活片段,还是景物描写片断,都要服从于表现主题的需要。而片段组合式布局又可分为4种形式来表达。

(1)岁记式

岁记式以"岁"为主线,简明地记叙在每个"岁"中的主要事件,而将许许多多的内容作为艺术"空白"留给读者去想象,去再创造。可以用"五岁—十岁—十五岁""童年—少年—青年"等围绕几个时间段写人生经历或事件,脉络要清楚。

(2)正反对比式

通过正反两种情况的对比分析来论证观点的结构形式。通篇运用对比,道理讲得更透彻、鲜明;局部运用正反对比的论据,材料更有说服力。企业在软文营销的内容中使用正反对比法时应注意以下两个问题:

第一,正反论证应有主有次,若文章从正面立论,主体部分则以正面论述为主,以反面论述为辅;若文章从反面立论,则以反面论述为主,以正面论述为辅。

第二,围绕中心论点选择比较材料,确定对比点。所选对象必须是两种性质截然相反或有差异的事物,论证时要紧扣文章的中心。

(3)小标题式

小标题的拟写不仅要整齐、扣主题,并且要富有艺术感染力,要达到能反映作品创作思路的效果。如《永恒的乐园》一文,作者分别描绘了古人的三处乐园,即"诸葛草庐""陶潜东篱""东坡赤壁",全文构思新奇,主旨深刻,艺术感染力强,令人心驰神往。

三、软文营销的创意

如今是一个脑洞大开的世界,人们开始不断地在生活中追求新意,所以企业在做软文营销时应该抓住这一点,大胆地创新,拿出属于自己的创意,并展现在人们的面前,必然能吸引无数人的围观讨论,甚至自动为企业宣传。

(一)创意的含义

网络与自媒体的红火,让广告也从以前的所谓"媒体大战""投入大战"上升到"广告创意""扯眼球"的竞争,"创意"一词成为广告界最流行的常用词。而软文这个软性广告随着广告创意的升级而变化,随着"没有 WiFi 和流量会死症"盛行,在碎片阅读大行其道的同时,也不断定位升级、出新出奇。

到底什么是创意呢?"Creative"在英语中表示,"创意"其意思是创造、创建、造成。"创意"从字面上理解是"创造意象之意",从这一层面进行挖掘,则广告创意是介于广告策划与广告表现制作之间的艺术构思活动。

创意可以根据软文营销的主题,经过精心思考和策划,运用艺术手段,把所掌握的材料进行创造性地组合,以塑造一个意象的过程。简而言之,即软文营销主题意念的意象化,在软文营销策划上仍然要在广告主题意念的意象化上多下功夫、下苦功夫。由于小企业产品的品牌、知名度及美誉度都处在建设和上升期,所以更需要通过高于强势品牌产品的意象化来表现,才能易于传播,抓住消费者的挑剔心理。

（二）软文营销创意的方法手段

创意是一个很灵活的词汇，它可以随时出现在软文营销者的脑海里，又会调皮地在你需要它的时候躲起来，不免会有些头疼，所以下面来讲几个创意方法，避免在运行软文营销的过程中出现没有灵感的情况。

1. 引证历史

对于消费者来说，历史越悠久的企业就越受欢迎，拿白酒来说，酒放置的时间越长，那么就越金贵，就越吸引那些喜欢品酒的人。如今的白酒企业都惯于搬出自己企业的历史来美化自己的品牌形象，虽然这样做的白酒企业很泛滥，只要是真实的，并且有古老的历史，其效果相对来说还是不错的。

2. 讲述故事

人们不管处于何种阶段，都不会抗拒故事的诱惑，因此故事性的软文营销能让读者记忆深刻，能够拉近与读者的距离，让读者在不自觉中产生消费行为。

企业可以想出一个凄美的爱情故事、励志的奋斗故事、悲惨的人生经历等，只要能把自己的产品很切合地融入故事中，就能达到一定的效果。如果想不出故事怎么办呢？其实可以关注最近的热点事件，通过热点事件来发挥一定的想象力，把自己的产品融入热点事件中，也能快速地吸引人们的眼球。值得注意的是，热点事件不要是过时的，最好是当下的，不然就没有什么效果。

3. 造出新闻

新闻几乎是每个人每天都会去关注的，企业把软文营销与新闻相结合，既可以提升产品的曝光率，又可以增加企业的品牌知名度。只要新闻写得真实、可靠，必能达到营销目的。

企业没有新闻怎么办，一个技巧就是"造"。企业没有新闻可写就制造事件，没有事件就制造概念，如年中年会、年底座谈会或经销商大会、知名人士到访或是企业领导参加知名活动等，这类事件都可以作为软文营销造新闻的素材，只要不太过于夸张即可。

4. 靠数据说话

所谓的软文营销创意靠数据说话是指以分析数据，做出统计，并且用文字的方式来展现给读者的软文。在文中可以通过一些数据调用、文字信息、图片、图表等方式来穿插自己产品的广告，从而达到合理的宣传。这样的创意性软文写起来的速度会比较快，并且说服力很强。

5. 拆对手台

拆对手台是硬生生地把矛头指向竞争对手，然后凸显出自己产品的好。就如之前被炒得沸沸扬扬的加多宝与王老吉之战，那真正是相互之间的互呛，加多宝用了 4 则富有情感的"对不起"创意性软文营销，把矛头直指王老吉，当时风靡了整个网络。

(三)软文营销创意的意念来源

广告上的意念指念头和想法，在广告创意和设计中，意念即广告主题，它是指广告为了达到某种特定目的而说明的观念，它是无形的、观念性的东西，必须借助某一定有形的东西才能表达出来。

在软文营销策划创作中，意念是指软文营销所要表达的思想和观点，以及内容的核心。而软文作为广告艺术形式，也要通过一定的形象来表达，才更能达到软文营销应有提升产品销量的最重要目的。在软文营销表现过程中，形象的选择也很重要，因为它是传递客观事物信息的符号。

如这样一个标题"比马代奢华比马代便宜，一人要一岛月薪 3000 足矣！！！"，看上去是不是很诱人呢？在流行"来一次想走就走的旅行"的时代，对很多人来说，交通和时间可能都不是问题，问题就在于是否有这个想走就走的物质预算。对于那些想要看到蓝天白云，想要看到海滩，想要旅游的地方不拥挤，还想价格合算到底，甚至要奢华享受的人们，看到这个标题，无不是一次赤裸裸的诱惑。

网络时代，没有创新就缺乏竞争力，没有创新就没有价值的提升。无论企业希望获得哪种竞争优势，也无论企业选择哪种竞争战略，都离不开自主创新。随着网络的发展，更多的人喜欢从网络上获取信息和采购商品，也正因于此，网络营销日益红火，网络推广也迅速发展。

软文营销尤其在信息泛滥和碎片阅读的流量时代,很多人都尝试过,但是苦于才思不足够敏捷,或者使用方法不得当,总是得不到很好的效果。如果实在是想不出来什么好的创意,就可以按照之前的软文营销创意招数的思路扩展一下思维,定能使软文营销达到企业的营销目的。

第三节　打造爆款文章引爆市场

所谓爆款软文主要体现在三个方面,文章足够优秀(用户满意)、推广平台足够强大(平台上积累了大量固定用户)、诱发分享(用户能够将文章主动分享出去)。

爆款软文并不是写出来的,而是打造出来的。而写出好的软文,只是打造的第一步。我们了解了软文的分类,也掌握了从关键词、标题到内容的写作技巧,如果想进一步成为能够打造爆款软文的写手,就需要找准方向,进行有针对性的撰写。

爆款软文主要有四个方向:创意性软文、热点性软文、事件性软文以及快速创作性软文。

一、创意性软文

创意是以一种打破常规的思维方式,将一些平淡的事物,以全新的面貌展现在人们面前。创意来源于灵感,而灵感的源头是大脑,能够将创意活用到生活中去,是一个人将大脑活用到极致的表现。创意其实是一种思维,只要将思维打开,就文思如泉涌。无论做什么事,只要能静下心来思考,就能够发挥创意。

软文写作同样也需要创意,有创意的软文能够激起用户心中的波澜,而没有创意的软文更像是一潭死水,毫无生机可言,自然也不能引起人们的关注。

(一)创意性软文的撰写要求

互联网犹如一个无形的战场,各个商家都在使用各种武器,提高自己在互联网中的地位,得到更好的推广效果。互联网的庞大软文世界中,绝大多数是乏味的,只不过三百六十行,行行出状元,总有那么一群人能够杀出重围,写出具有创意的软文。这些软文让人耳目一新、眼前一亮,自然能为商家带来理想的营销效果。

那么这些作者是如何写出这种既有特色,又带有创意的软文的呢?创意性软文涉及的方面很多,我们必须基于对所在行业以及对市场、对公司需求的了解,才能写出真正具有创意的软文。确定创意性软文的撰写要求,简单来说就是通过抓准主题,以独特的视角,选择明确的方向,以灵活的写作风格来创造出完美创意的软文。

1. 有主题,有创意

做事有目标才会有动力,这个目标就是我们的主题。简单来说,我们做任何事情都是带有目的性的,上学是为了学习知识,上班是为了获得收入。写软文也同样如此,不能在未确定主题的情况下就随意去撰写软文,那就像记流水账一样,自己都不知道自己写的是什么,更何况用户呢?

一篇优秀的软文永远只会围绕一个主题展开,主题的唯一性能使软文更具有感染力和吸引力。如果一篇软文当中存在多个主题,那么用户就不知道核心在哪里,重点在哪里。围绕产品而写的软文通常一般涵盖产品质量、性能以及价格等内容,通常还会带有一些品牌效应、企业文化、企业规划、各种打折促销、会员回馈、赠礼相送等信息。或许一篇软文就能让一个人或者一件产品、一家公司瞬间得到知名度,但是通过软文成功推广一项产品,并不是一两篇文章就能做到的,关于产品有多个主题供我们慢慢参考、选择,但是一篇文章最好只从中挑选一个主题。

将主题与产品相结合,就是创意的体现。比如,只要我们细心观察就会发现,生活中的一些不知名的产品,通过外观均可以与我们熟悉的产品结合起来。

2. 独特视角,创意无限

为了能够写出独特的文章,我总是会将身边的事物想象成一些稀奇古怪的东西。比如栽得好好的树,我会想如果它长得歪七扭八会怎么样;看到鲜艳的花朵,我会想如果它的颜色和花瓣形状都改变会怎么样。我撰写软文的时候,也会尝试换一个角度去思考,用创意来吸引用户。

之所以说创意无限,是因为思维打开了,角度就不一样了,独特的角度意味着独特的吸引力。

要想将平凡的软文写得不平凡,就不再只是市场调查和数据分析的问题,更多是作者自己的问题。所谓软文的创意是存在于作者的脑海之中的,所以我们更多是需要在生活中开拓自己的思路,以不同的角度来对软文进行策划。创意更多体现在创新上,要与普通的软文区别开来,才是真正的创意。

3. 明确方向,活用数据

这里的方向主要是软文写作的真实性,正所谓再铿锵有力的文字,也抵不过一纸真实的数据。在开始撰写软文之前,做好充分的资料收集工作,从哪个方面撰写就收集哪个方面的资料。你写的是历史题材,就需要整理史实;你写的是现实励志,就需要参考自己或他人的奋斗之路。无论我们写什么题材,都可以借助真实数据来说明。

4. 灵活写作,乐在其中

所谓灵活写作,就是希望大家在写作的过程中不要过于死板。我们要思考的是,为什么有些作者的文字生动有趣,而有些作者的文字死气沉沉、毫无生机。有创意的软文,会给人生机勃勃的感觉,让人读起来心情愉悦。将软文以灵活的方式撰写,并且将产品植入进去,那就非常有趣了,不仅如此,我们还可以使用轻松幽默等方式来吸引用户的关注。这种通过灵活的写作手法所打造的软文,让用户阅读时也能乐在其中。

5. 打造完美创意

人无完人,但是软文创意并非如此,通过对软文标题的适度夸大,让用户产生一种不可思议的感觉,以此来刺激用户阅读。完美的创意用于激起用户的好奇心,当用户带着好奇心进行阅读之后,他们会发现,原来是这样。

(二)创意性软文的思维方法

想要有创意,首先就得打开思维,冷静地思考自己写作的内容。永远不能闭门造车,要勇于接受全新的事物。想要拥有独特的创意,就需要从不同的方面来打开自己的思维。等我们学习了各种软文写作技巧,阅读了大量软文实例,并撰写了数以千计的文章之后,我们的思维就会打开,创意就会慢慢地形成。

锻炼自己的思维,可以从六个方面展开。

1."开枝散叶"思维

"开枝散叶"思维在这里指的是脑洞大开,正所谓"一千个人眼中有一千个哈姆雷特"。也就是说,每个人都有自己独特的思维模式,而这种"开枝散叶"的思维,就是要收集 1 000 个人的思维,收集不到 1 000 个,那就收集 100 个,让思维像参天大树一样,生长出许多茂密的枝叶。

"开枝散叶"思维主要是根据当前的条件,比如产品的名称、规格、售价以及消费人群等不同的固定条件,以打破常规的模式,对软文进行深入撰写。"开枝散叶"思维就像一棵小树苗,向四面八方迅速生长,以此来增加我们心中的创意。

2."江河入海"思维

我们都知道所有江河最后都会流向大海,"江河入海"思维与"开枝散叶"思维呈相反的状态。"开枝散叶"思维以点开多枝,而"江河入海"则以多个渠道汇聚一点。以某个主题为点,通过多种不同的方法,从不同途径引起用户的关注,最后告知用户真正的核心内容。

3."从一而终"思维

"从一而终"的思维主要体现在以固定的顺序,按部就班地思考。这种思维是一种局限性思维,一般在常规性软文里使用,而且也是许多写手无法打开思维的重要原因。

"从一而终"的思维并不值得提倡,但是值得学习。因为这是一切思维的根本,就像一个经典小品里的段子"1＋1 在什么情况下等于 3","从一而终"的思维会告诉我们,在什么情况下都不等于 3,但答案其实是"1＋1 在算错的情况下等于 3"。这个答案相信大家都能理解,但是为什么很多人想不到呢? 就是因为思维难以打开。

4."另辟蹊径"思维

"另辟蹊径"思维可以创造绝佳的创意,它是一种区别于常人的思维、理解能力以及方向的思维模式,往往会从独特的角度,甚至是反面来考虑问题。但是这种思维有一个弊端，那就是必须得先有人提出正面的阐述，我们再以"另辟蹊径"的思维角度去描写。也就是说这种思维更多是借助已有的文章，以一种侧面或反面的思维进行撰写。我们不得不承认，这种类型的软文更加容易受到读者的关注。

5."Y轴"思维

顾名思义，"Y轴"思维其实就是纵向思维，我只不过将其重新定义了。有的读者乍一看可能会感觉陌生，会认为是一种全新的思维而产生好奇心。所以打开思维的方式，是多种多样的。

"Y轴"思维主要是从外至内一步步地深入分析，而这从外至内就是我们写作的思维模式。就像我们认识朋友，从陌生人变成朋友，从朋友变成恋人，从恋人变成一家人，这样的模式相信大家都能理解。

"Y轴"思维的软文写作手法，更多需要注意承上启下，必须有合理的衔接之处，否则就会给人一种断裂的感觉，不仅作者无法写好，读者也无法读下去。

6."X轴"思维

"X轴"思维就是横向思维。"X轴"思维与"Y轴"思维的区别在于，不是一步步地深入撰写，而是将一件事通过不同的写法展开。

许多软文写手在包装产品的时候，利用的是"Y轴"思维。从产品如何生产、如何包装、质量如何、价格如何一直到配送服务，逐一介绍。其实我们大可不必将这种笼统性的内容逐一列出，可以针对某一个特定的事件撰写，比如生产过程中有一些技术更新，使产品质量相比之前有所提高。

"X轴"思维更多是细致化，打破传统的"Y轴"思维，从中找到新的突破口，以一个全新的其他产品都没有提到过的事件作为创意来写。

（三）创意的修改

"以创意改创意才更有创意"，这句话听起来比较拗口，但这是一种非常值得学习的方法。文章本天成，妙手偶得之，也就是说创意其实是比较难出现的。

如果要不断地推陈出新，就必须借助于"以创意改创意才更有创意"

这个理念,还需要不断提高写作基本功,对新手来说更需要大量学习和练习才能真正掌握。

1.修改不符合当下的内容

自己以往所写的文章中,有一些是曾经比较热门的,并且实现了理想的推广效果。但是拿到当下来看,可能已经非常过时了。

所以当我们感到没有新鲜内容可写、创意匮乏的时候,不妨拿出以往写得好的文章,进行参考或再创作。将一些过时的内容删除,并加入一些当下热门的内容,修改一下标题,重新发布。以这样的方法,我们不仅可以得到一篇崭新的文章,而且由于是符合当下的创作,自然也能引起新的读者关注。

2.增加一些更新的内容

互联网是在进步的,也同样是在更新的。比如有苹果产品在更新,但是核心变了吗?其实没变。我们写软文也是如此,在以往所写的软文里,必然有可以更新再利用的内容,并且可以借助第二篇的观点给第一篇带来流量。

3.改变软文的传播方式

每一篇软文都是我们劳动的成果和结晶,无论是否具有推广作用,都不应该被忽视。有的软文作者将发布后的软文置之不理,这是一种很不好的习惯,也缺乏将自己的软文效果最大化的积极性和觉悟。

有的作者可能会反驳,认为软文既然已经发布了,继续发布就没什么意义了。其实这只是因为这些作者没有找到更多的推广方法,我们写软文不能将自己给写"死"了,永远要记住思维是活的。互联网上有许多内容呈现方式,像自媒体视频、音频电台、PPT文库以及电子书平台都是很好的推广方式。

(四)逆向思维,让创意无限绽放

前面已经介绍了逆向思维,但还是需要深入讲解。有人可能习惯性地认为,逆向思维就是和别人想的相反,就只有一种方式。其实并不是这样的,在定义上可以将逆向思维分为反转型逆向思维、转换型逆向思维和缺点型逆向思维三种。

1. 反转型逆向思维

反转型逆向思维的特点是将已知的事物以相反的角度进行思考,进而生成创意。事物的功能、结构和因果关系可以作为逆向思维的出发点。

2. 转换型逆向思维

在我们遇到问题并尝试解决的过程中,可能已有的解决方法难以实施或效果不理想,此时思考其他解决问题的途径就会用到转换型思维,用一种更灵活的方式来解决问题或消除问题。

3. 缺点型逆向思维

提到缺点型逆向思维,很多人可能下意识认为缺点是不好的,为什么还要应用呢?缺点型逆向思维的出发点是将缺点变成可以为我们所用的东西,这是一种化被动为主动、将困境变成出路的思维方式。缺点型逆向思维,并不是将缺点展现出来,而是通过发现缺点,寻求更加有利的途径。

二、热点性软文

创意是需要我们创造的,而热点不需要我们创造,只需要我们时刻关注。互联网上每天都会有新鲜的热点爆出,我们只需要密切跟随,将热点以软文的形式展现出来,同样会受到用户的关注和喜爱。

(一)追热点的好处

在解释为什么要追热点之前,我们先来了解一下什么是热点。通常来说,热点主要是指某个时间段内,被广大用户集中关注的事件、问题、人物等。

很多热点只是一些明星或者八卦新闻,这与我们有什么关系呢?我们为什么要追呢?答案只有一个,那就是肯定能给我们带来好处。追热点的好处有四点,第一是吸引新用户,第二是维护老用户,第三是获取经济利益,第四则是打响自己的名气。

1. 借助热点吸引新用户

我们要清楚,追热点只是一种写作的方法和技巧,并不是我们的目的,我们的主要目的还是获得更多新用户的关注。

热点是当前大部分人关心的,我们所撰写的软文与此相关就能吸引用户,并且让用户产生阅读的兴趣,从而提高了文章的阅读量。而且我们会发现,用户转载和分享最多的也正是当下热门的新闻和事件,以当前流行的一个词语来形容就是"刷屏"。

2. 借助热点维护老用户

要想持续地创造价值,不仅需要不断吸引新用户的关注,更要维护好老用户。对于微信公众号来说,获得用户关注只是一个开端,如何维护好这些用户才是关键。有些微信公众号由于有某些特殊的功能,能使用户持续关注并且使用该项功能。但是作为一个初级的订阅号来说,我们只能依靠内容来维护,也就是通过持续性的内容来留住用户。

现在很多人关注的微信公众号少则几十个,多则上百个,人们不可能做到每天浏览每个微信公众号,但是他们会利用空闲时间快速浏览一下微信公众号的列表以及最新的文章标题。这个时候,如果我们所更新的文章如果正好是当前的热门话题,而这些热门话题又正好与我们所运营的微信公众号相符合,那么关注我们公众号的用户,自然会因为我们的文章比较有针对性而乐于浏览、阅读。

那么想要维护好这些老用户,这些热门话题就成了最好的黏合剂。

3. 依靠热点获取经济利益

很多人羞于谈钱,但是我们不得不承认,我们做的许多事都是为了赚钱,写文章也同样如此。

通过阅读量来赚取广告费的模式,最常见的就是依靠热点文章。我所撰写的上万篇软文当中,往往热点文章的阅读量最高,自然广告费也是最多的。

4. 凭借热点打响自己的名气

简单来说,为企业而写的软文自然是为了帮助企业获得更好的营销效果。但是现在许多软文写手转型成了自媒体,而自媒体最重要的一点,就是通过自己的创作来打响自己的名气。我们在阅读文章的时候经常会发现,在文章的末尾常会留有软文作者的联系方式,这就是一种以软文的形式来打响自己名气的方式。

娱乐圈有明星,写作圈子里自然也有相应的名人。借助热点文章,就能够让读者快速地认识并且关注自己,这也是追热点文章的优势所在。

(二)追有价值的热点

热点每天都会有,但是并不是每个热点都适合每个人去追。如果说你做的是自媒体,只是为了写文章,那只要是你认为有把握的热点都可以追。但是如果我们是某家公司的软文作者,就要注意了,公司有公司的规定和利益诉求,并不是每个热点都能追。

1. 风险

这里将风险放在第一位来阐述,是因为现在许多人或者企业为了能够让自己爆红起来,往往会不择手段。我们在追热点的时候,要优先保证自身的安全性,如果连这一点都没有意识到,注定会吃亏。

风险一般分为两种,一种是法律层面的,另一种则是道德层面的。法律层面的风险体现在触碰了不该触碰的底线,而道德层面的风险则是有可能引起群众的谴责和厌恶。

我们在考虑追热点时一定要记住,热点是一把双刃剑,用得好就能为我们披荆斩棘;用得不好就会适得其反,反而伤了自己。

2. 话题性

只有具备了一定话题性的热点,才有追的意义。下面我们来具体分析。

我们要想判断一个新鲜热点的话题性是否足够强大,一般可以考虑用户是否会参与进来,该话题是否与用户相关,后续的进展是否值得用户期待。只有有足够多的用户参与进来,进行探讨,才可以让事件的话题性持续下去。

一件热点事件是否具有话题性可以从两个方面来考虑,即话题是否具有争议性,话题是否具有延伸性。

所谓争议性,就是引发的热门事件,并没呈现一边倒的趋势,而是网络上有许多不同的声音,有支持也有反对,只有这样具有争议性的热点才值得追。

所谓延伸性,就是指能通过这一个话题,拓展出其他更多的话题,也能吸引更多用户关注。

2016 年,papi 酱引爆了视频自媒体的热度。我们可以看到,许多自媒体人开始投身视频自媒体,以一些平台恶搞或者直播来获取用户的关注。papi 酱只是一个引子,我们可以陆续通过这个引子展开后续,比如"短视频自媒体的火爆内幕""如何通过视频营销快速成为网红"等都是作为延伸性话题而展开的。

3. 时效性

时效性主要是指该热点事件能在互联网上活跃的时间长度,我们可以根据预估热点事件持续的时间长短,来判断是通过一篇文章打造热点,还是持续打造热点。在生活中我们经常会发现,有些节假日还没有来临,网络上一些相关文章就开始出现,而有些热门的话题,仅仅就是昙花一现,或许今天还热着,明天就被用户抛之脑后。所以我们一般需要选择一些时效性比较强的热点,来进行持续性的软文撰写。

一般来说,我们可以通过留存性强、可持续发酵、话题性强来判断,热点是否具备较强的时效性。

4. 传播性

凡是不能被传播的话题,都是不具备成为热点的基础的,也就不值得我们关注。

通常能够传播开来的热点都具备三种特性:有趣、简单、值得分享。

是否有趣很重要,无趣的东西是没人愿意传播的。

越简单的热点越能引起用户的关注。

微信里有这样一个功能,叫作"标签",这个功能的意义是什么呢?就是使用户更加容易记住,并且容易找到。现在许多企业会将曾经复杂的方式简单化,也就是"傻瓜式"操作,以此来改善用户体验,加深用户对企业的印象。

分享是传播的重点,只有不断被用户分享,才能不断将热点话题持续下去。所以我们要弄清楚用户分享的原因有哪些,再以此来开展热门话题的撰写。为什么用户会分享呢?我们可以通过图 5-3 来了解。

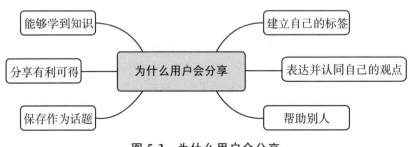

图 5-3　为什么用户会分享

5. 成本

正所谓投入与产出要成正比,我们得先考虑成本,才能创造价值。通常要考虑三种成本,第一种是时间成本,第二种是物料成本,第三种则是机会成本。

(1)时间成本

热点随时都在产生,我们了解热点,然后将其展现出来的方式也有很多,但是这个过程我们难免需要花费一定的时间。这个时间成本,正是我们需要考虑的,毕竟我们不可能为了一个未知的热点,浪费大量时间。

通常我们完成一篇好的软文,加上排版、配图等工序,至少需要花上半天时间。如果我们想要通过其他方式展现,花费的时间就更多了。

(2)物料成本

我们将软文写好之后,是需要传播的。现有的资源可以立马上,而没有的资源就需要去寻找,甚至需要结合线下的资源一起推进。

(3)机会成本

正如我之前所说的,我们的时间都是有限的,热点文章的持续程度也是有限的,我们将大量的精力放在某个热点上,到底是否值得,也是需要考虑的。

最后可能会涉及金钱成本。如果你是个人站长或者自媒体,那你是不会花费金钱去推广一些无法变现的热点的;如果你是公司的软文写手,也不必过多考虑金钱成本。

6. 收益

收益其实比较容易计算,通常来说分为两种,一种为显性收益,一种为隐性收益。显性收益就是我们能看到的,我们所运营的平台关注度有所增加、咨询产品的人数增加、销售业绩的增加等均是显性收益。通过某热点,公司的知名度、产品的品牌效应以及用户对产品的喜爱程度是否有所提高等,都属于隐性收益。

(三)追热点要掌握正确的方法

1. 收集整理法

收集整理法就是将一些当前热点新闻相关的资料,以收集整理的方式重新撰写成一篇全新的文章。这种文章在互联网上也颇受人关注,因为多方资料整理整合后,使得用户关注和阅读更方便,也具有足够的趣味性。

2. 图文解说法

图文解说法其实是将软文以生动有趣的图文形式表达出来,这种手法的目的是使读者更乐于阅读,并因好的阅读体验而主动传播。因为加入了一些创意的图片,能够将热点话题的趣味性大大提高。

3. 名侦探柯南法

《名侦探柯南》之所以能够火上十几年,最大的原因应该就是能够勾起人们心中的疑问和探究欲,吸引了众多观众的持续观看。同理,生活中也存在着许许多多这种类型的文章,当然这种文章必须具备一定的逻辑推理元素,就像一部侦探剧一样,没有完美的布局和推理,是很难吸引用户的。

4. 分析解读法

分析解读法更多适用于一些喜欢学习的人,比如教读者如何做、怎么做、怎样做好等。但是毕竟不是每个人都真能热爱学习,所以一般教育式的分析解读,是不能引起用户关注的。因此必须选择合适的话题,比如,教用户如何挣钱,如果写《我是怎样从月入三千到年薪百万的》,我可以很明确地告诉你,阅读量会非常可观。

5. 世界大局观法

所谓有大局观,就是要认清形势,顺势而为。对于新爆料的,尤其涉及道德(并非道德绑架)底线的事件,我们可以抓准机会,得到读者的认可。

6. 段子手法

网络上越来越流行段子,很多段子手依靠一些小创意能够获取丰厚的回报。但是大部分段子手只能创造段子,而不能创造软文。我们可以借鉴一些流行段子的创意,重新加工修饰后再发布,这也是一种追热点的形式。当然如果我们想要写出绝佳的热门文章,通过借鉴段子手的创意来拟定标题,并进行发散型思维的撰写,那必然能够打造一篇受人热追的文章。

(四)追热点要掌握技巧

现在追热点的自媒体和公司越来越多,甚至有人完全是盲目追热点,只要有热点出现,就第一时间发布相关文章。这样追了热点,却并不能带来什么效果,原因是这些人不会追热点,偏偏还要硬追。

刚开始追热点时,追一个是一个,但是现在追热点的人越来越多,就不免于流俗。就像曾经的炒股、淘宝、SEO 优化以及近几年的微商,甚至于情怀都一样,参与的人太多了,就"玩"坏了,最要命的就是,这些不知道怎么追热点的人,还越来越积极。

之所以盲目追热点,主要是因为没有找准自己的定位,也就是没有找到热点与自己运营的平台的相关性。

在追热点方面,做得比较成功的有杜蕾斯品牌的微博。我们可以去借鉴学习,看看它们是怎么做的。它们绝对不会盲目追热点,而是会在分析之后再去追,与它们产品不相关的热点就不会去追。所以,我们在追热点的时候,一定要重点考虑相关性。与自己平台相关联的热点,第一时间去追,去发布相关文章;与自己平台不相关的热点,就放弃,不要随便硬追、瞎追、乱追。

三、事件性软文

事件性软文不像创意性软文那样需要冥思苦想创意,也不会像追热点性软文那样只需要掌握技巧就可以写,事件性软文的写作要求并不会很高,但是很容易引起舆论的压力。一般来说,事件性软文更多是以一些独特的新闻事件作为撰写基础,如果我们要撰写此类软文,应该更多从用户的角度去考虑,而不能随意发表自己的观点。

(一)事件性软文的含义

事件性软文的主要内容是真实发生的事件,由于事件性软文具有一些新闻的特点,所以也能够引起人们的关注。比如:华南虎真假事件、杭州富家子飙车事件、少年冒充公安厅厅长事件,这些事件都引起了网民的强烈关注和谴责。

(二)事件性软文的产生

我们要搞清楚事件性软文是怎样产生的。事件性软文并不是由媒体人或者运营人员原创的,而是因为某件事已经引起了部分人的关注,这个关注引起了众多的猜想,最后由猜想而发生一步步的调查和研究,最后形成了事件,也就有了事件性软文。

(三)写好事件性软文的步骤

要想写好事件性软文,可以根据以下步骤进行撰写。

1. 策划与报道

事件性软文的重点就是策划得当,不能随意写,要不然很难收场。在策划好之后,结合自己现有的媒体和身边的资源,进行报道,从而引起媒体和网民的广泛关注。

2. 调动网民去写

事件的产生,不是由一个人完成的,更多的是通过策划好的方案,让媒体人和一些活跃在社交媒体圈子的营销人,自发地去帮忙撰写。现在许多媒体人都活跃在互联网上,一旦发现有趣或者值得关注的事件,他们都会第一时间发布文章,加上他们身边的读者群体,自然就能引起广泛的关注,成为热搜。

3. 要持续发酵

传播是需要时间的,所以要围绕有关事件不同的问题,持续让用户关注。并且可以通过专题等模式的推广,来扩大该事件在网络上的影响力。

4. 打破常规,影响巨大

一定要策划好事件内容,不能按照常理出牌,否则将毫无意义。

5. 正反均可,把握尺度

在营销的定义里,事件并没有绝对的好与坏。我们可以利用各种事件来进行营销,但是决不能超越人们接受的底线,否则一定会适得其反。

6. 快速出名

无论你是在做自媒体,还是在公司做新媒体运营人员,都必须清晰认识到,事件性软文的核心目的很简单,那就是出名。

四、快速创作性软文

有许多自媒体人,他们坚持每天写一篇文章,有的坚持了一年,有的写了十多年还依然在坚持。很多资深的自媒体人,都会采用一种方法,那就是快速创作性软文,有的作者每天都能写好几篇文章,写上万字也相当轻松。这就是掌握了快速创作性软文的秘诀,写文章又轻松又快速。

(一)快速写作的基本要素

其实写文章是一种将头脑中的思维具象化的过程。只要我们的脑海中拥有丰富的知识,那么写任何软文都会信手拈来、轻而易举。要想真正做到快速写作，最好掌握以下几点要素。

1. 多看

无论我们写哪方面的文章，具备足够丰富的知识和经验都是必要的。只有多看，将大脑填充起来，才能够拥有新鲜的话题、自己独特的见解以及经验之谈。比如你要写的核心主题是创业，那么就要先问问自己：自己有过几次创业的经验，结识了多少创业的前辈，读过多少本创业的书籍，经历过多少次失败与成功，在失败的经历中获得了什么等等。一系列的问题都在等着我们，如果我们没有任何实际经历和阅读的经验，那这种类型的文章不可能写好，甚至根本写不出来。

我看过很多文章，可以很容易地识别出哪些是虚假甚至抄袭的。虚假的文章给人空洞感和无力感，原因是这种文章的作者只是单纯地为了写文章而写文章，并没有什么意义。核心问题也是看的不够多，想的不够多，经历的也不够多，软文的水平自然也就上不去了。

2. 多写

如前所述，学习写软文就像学习一门武功，武功有许多招式，虽然我们都知道，但是必须在实战中锻炼才算学成。所以我们要在写软文的过程中，不断寻找合适自己的招式，而这些招式经过日复一日的训练，慢慢就能成为自己的独门绝招。等到熟能生巧之后，这些写作方法就像我们的手脚一样，和我们的身体融为了一体，想要写某种软文的时候，可以很快确定该怎样写、怎样表达。

只有训练得当，多写多练，才能明显加快写作的速度。如果没有经常锻炼，等到写软文的时候，你就会发现，脑子里想了很多却不知道写什么，只能一边思考写作内容，一边又要思考怎么写。写作本就是一件静心的事，你心都不静怎么能写好呢？

这种熟能生巧的方式并不需要别人传授，正所谓适合我不一定适合你，适合你的不一定适合他。所以我们一定要记住，通过不断实践，才能慢慢找到自己写作的方向、技巧、文风，最后也就能确定自己的写作风格。

3. 多收集

要想写出有价值的文章，就一定要准备足够多的资料，这些资料就像我们准备好的武器，虽然当下不一定有用，但有一天我们想要写这方面软文的时候，就一定会用到，比如专门写娱乐新闻的写手，他们就必须牢牢记住明星的基本资料。一定要记住，我们在生活中发现的一些有趣的、有价值的、有意义的素材，一定要收集起来，以便日后能有所用。

（二）写作忌中途打断

软文写作靠的是思路，所以，写作的时候，最忌讳的就是思路被打断。我们可以这样设想一下，如果我们正聚精会神地写着文章，此时家里有许多小孩子在不停地吵闹，那还能写下去吗？再比如我们在写文章的时候，时不时地就打进来一个电话，每个电话都需要好几分钟，那我们的思路早就没了，还怎么写得下去。

写文章讲究的是心境，也是心静，只有让心静下来才能有良好的心境，才能写出优秀的文章。如果在写文章的过程中，不停地有外界骚扰，心态好的人会选择放弃或者尝试重新找回自己的思路，而心态不好的人则会气愤非常，甚至是大发雷霆。

所以我们可以确定，那些优秀的、广泛流传的文学作品，都是作者在心境单纯、心无旁骛的状态下完成的。正因为写作的过程需要精神专注，为了让文章的思路开放、通畅，最好能将文章的创作一气呵成，这样才能创作出最佳的作品。

如果我们在写作的过程中，本来思路是畅通的，但是因为某个地方要以案例为铺垫，而我们却没有这个案例，此时一定要记住，应该将这里先放下，先写完接下来的内容。我们写文章就像建房子一样，你不可能因为一间小卧室的设计问题，就放弃了建造整栋房子。

第四节　软文营销的推广

如果说软文是载体，营销是布局，那么推广就是实际操作了。推广是将软文具象化、实际化的一种操作模式。将软文在互联网上进行推广，是检验作者所撰写的软文是否有价值的唯一途径。

一、抓住品牌优势，策划软文写作主题

在软文营销中要抓住品牌优势，策划软文写作主题是让软文营销达成事半功倍效果的第一步，也是较为关键的一步。在提炼品牌优势的过程中，提炼并放大品牌的优势是作为品牌宣传中所有宣传软文的核心内容存在的。只有真正了解了品牌的所有优势，才能更好地让软文达到营销的目的。

在策划软文主题时，分析品牌的优势，了解其处于的导入期、推广期、发展期、成熟期，最主要的是了解品牌所要面对的现阶段的人群特点，了解消费者购买的主要心理需求，明白整个市场的导向目标，才能更好地进行产品的软文撰写和软文宣传，达到营销的目的。

其实，大部分企业在进行品牌的营销宣传的时候，都不能很清楚地表达自己品牌的完整优势和市场竞争力。因此，只有针对市场的反馈以及企业在这方面的资金投入，确定好每个月软文的写作篇数和发布数量，配合市场活动，才能更好地确定软文主题。

宣传品牌的优势是吸引消费者、打动消费者、击溃消费者心理防线的第一步，要想真正提炼品牌的核心优势，要从以下四个方面来分析。

(一)品牌定位

首先要对企业的品牌有所了解，即品牌来自哪里，国外还是国内，等等。清楚品牌所要面对的消费人群，才能在软文的品牌撰写中更具有优势。因此，清楚并且知道自己的品牌能解决消费者哪方面的最深需求是品牌定位的关键部分，也是提炼核心品牌优势的重要开始。

(二)品牌材质

在当今社会，人们对于安全问题格外重视。要想真正让产品取得消费者的信任，品牌的原材料是什么，来自哪里，都是必须要让消费者了解的。尤其是关于产品的原材料符合什么安全标准，比如得到国家乃至于全球的安全等级标准，都是需要在软文中提到的，从而取得消费者的信任。

（三）品牌功能

作为一个产品，最重要的存在价值就是其功能。要想让消费者产生购物的欲望，就必须在软文中让消费者了解产品能为消费者带来的具体效果，能够解决什么样的具体问题，这才是提炼核心品牌时最关键的一步。

（四）品牌文化

品牌在营销之中可以借助的一大优势就是产品或者公司发展的历史及文化。因此，在提炼品牌核心优势的时候，要着重说明公司是有久远历史文化的老品牌，这样就更为容易取得消费者的信任。当然，即使是新品牌，也要善于从中找出其历史背景。

核心品牌优势在很多时候都能够使软文营销达到更好的效果，当然，也是为了展现出自己品牌与同类产品相比中不可替代的优势。只有这样，才能准确地提炼出品牌优势，策划出软文营销的主题，达到软文营销的最终目的。

二、确立营销目标，准备论点论据

在软文营销的推广中，软文在进行产品的撰写宣传时，首先要确立的就是营销目标，在软文的撰写中要以中心论点为核心，才能更好地阐述产品营销的主题。中心论点的确立必须要有分论点和论据来策划文字提纲，让软文推广达到事半功倍的效果。

在很多时候，软文的作用就是为了树立企业形象、宣传品牌的优势、进行市场促销、公关维权、行业提升、打击对手、更新企业动态等。只有真正将软文写好，才能使其作用最大化，才能让产品营销真正深入人心。

在确定营销目标时，有时候为了更好地达到软文营销的目标，需要软文撰写者策划提纲，也就是需要把马上要撰写的软文进行大致划分，即大概分成几个段落，每个段落的基本内容是什么，各段落间是否应该连续，与主题是否呼应等问题，争取达到让软文营销的推广更加有效，达到销售的目的。

最后，除了确定营销目标之外，准备软文之中的论点论据也是软文推广者格外需要关注的问题。论点是营销目标的概括,能突出要表达的核心思想,论据是证明主题正确的资料,是丰富各个段落的主要内容,准备好论点论据,能够更好地帮助软文进行营销推广。

三、标题要有亮点,成功吸引消费者

在软文营销推广中,一个好的软文标题可以使软文成功率高达60%,好的软文标题具备推广功能,具备杀伤力、诱惑力和领导力的夸张词语能直接表达出品牌的功能优势。因此,在软文标题的撰写中,标题要有亮点,才能够成功吸引消费者,达到软文营销推广的作用。

标题作为软文的第一扇窗户,可形成消费者对于软文的第一印象,决定了消费者是否继续阅读下去。人类天生有着好奇的本性,标题的亮点可以帮助消费者更快速地从大量的信息中找到符合自己兴趣的文章,成功吸引消费者。

软文标题的价值在于,使消费者在阅读正文之前就对软文产生阅读兴趣。因此,能够在第一时间抓住读者眼球的标题,才是软文写作需要的技巧。

一方面,要做到内容点睛,融入关键词。标题是一篇软文的窗户,读者会通过这扇窗户进入软文内容之中,因此,在软文标题的设计之中,软文标题要学会插入具有吸引力的词语;同时,通过文章主题与相关性融入关键词,只有这样,用户才能根据搜索引擎和标题,更精确地找到自己所需要的内容或者感兴趣的内容。

另一方面,标题要简洁明了,多用问号也是吸引消费者注意标题的常用方法。标题作为文章的简单梗概,切不可给用户以冗长的感觉,否则容易引起消费者的反感,产生不了阅读软文内容的兴趣。而多用疑问句和反问句能够引起读者的兴趣,让他们对软文产生一种寻求答案的心理,从而继续阅读,实现将软文营销推广出去的目的。

标题的写作技巧是软文推广写作技巧的重要一步,只有真正做到以上两个方面,才能真正让标题吸引住大家的兴趣,从而产生浓厚的阅读软文的兴趣。标题就像"脸面"一样,切忌标题不清不楚、不温不火,必须要在第一时间吸引读者目光。

四、善加利用数字进行营销定位

数字是帮助软文进行营销定位的一大利器,只有真正将数字运用到软文之中,才能让软文具有更强的营销推广功能。了解数字的特点,并配合软文进行一定的营销推广活动,可以更好地进行产品宣传。

(一)数字要醒目突出,效果性强

软文营销的主要目的就是为了通过软文抓住消费者眼球,让他们对产品产生深入了解的想法,从而达成销售的目的。一些经常被使用的标题如《2021年上半年最赚钱的十大职业》等,都能够吸引大家的注意。数字要醒目突出,吸引住消费者的目光。

(二)数字要配合产品特点,时效性要强

在软文中,数字的存在可以配合产品的特点进行宣传营销,时效性强的数字更容易取得消费者的信任。因此,在软文的撰写中要善于利用数字进行营销定位,才能不断加强软文营销推广的能力。

(三)要用阿拉伯数字,聚焦性强

消费者购物时对数字的敏感度是其他任何时候都不能比拟的,阿拉伯数字的聚焦性强,极其容易引起消费者的关注,从而让他们产生阅读的兴趣,一步一步地走进推广者的营销之中,达到销售的目的。

(四)数字要引起消费者共鸣,威慑性强

在利用数字进行营销定位的时候,可以选择利用数字引起消费者共鸣,达到较强的威慑性。很多时候,再多论点也不能让消费者切身感觉到其证明方式,而用数字进行表达就可以让消费者有切身体会,达到较强的威慑性。

(五)数字要触碰潜在需求,刺激性强

很多软文会经常使用数字来触碰潜在需求,刺激消费者进行消费。

在软文的撰写中,经常碰到类似的标题,如《这件衬衫的销售已经破万件啦!》等,能给消费者以紧迫感和刺激感。

善用数字进行营销定位除了要达到以上要求之外,还必须以事实为依据。俗话说"失之毫厘,谬以千里",数字不仅是代表简单的几个阿拉伯符号或者几个数据,而是代表一种真实发生的现象,有时候比文字更能说服消费者,取得消费者的信任。因此,在软文创作中善加利用数字进行营销定位,才能达到更好的营销效果。

五、用词要符合趋势,直击用户痛处

软文要想真正达到预期营销效果,就要具备极强的说服力或者感染力。这并不是说软文撰写必须要完全使用书面语,也可以用一些生活化的语言,同时必须找到潜在消费者真正的需求,用犀利和直指人心的语言,直击消费者最不愿意面对的痛处,争取达到营销的目的。

软文营销的撰写用词要符合产品的营销事实,符合当前的社会销售趋势,真正将产品的功能和消费者的购物心理相结合。因此,软文撰写中的理想推广技巧并不是一味按照消费者的想法来进行,必要的时候要学会直击消费者痛处,让其意识到产品的真正效果。

用词符合趋势就是要软文撰写者在写作的过程中考虑当今消费者的心理和对新兴名词的兴趣度,真正让软文与时代相结合,不断引起大家的兴趣,才能增加文章的搜索率,大大提升阅读率。

直击用户的痛处就是要求软文内容不仅要研究出消费者的购物心理需求,还要直接指出消费者购物时考虑的不足之处,提出一些消费者都有所不知的购物意见,真正将软文和产品的功能相结合,达到最优营销效果,使顾客和商家两方都满意。

六、排版要美观清晰

整篇文章撰写完成后,软文的编排设计也是很有学问的。文章排版美观,才能符合大部分读者的阅读体验,提高软文的转载率。因此,在文章排版设计上应该注意以下问题。

(一)字体和字号

软文中字体的选择一般采用发布媒体惯用的新闻字体,软文中的标题一般包括引题、副题、小标题,字体和字号一般采用二号或小二号黑体,小标题要排列整齐,有序号。对字体的装饰比如底纹、阴影、立体等,也要和文章整体的设计风格保持一致。正文一般采用小四号宋体或仿宋字,整篇文章布局要保持一致。

(二)行间距和页间距

一般来说,正文的行距以一毫米为佳,也就是 10 毫米的距离内只能排 3 行字,一般一行文字为 22 个至 26 个,页间距通常四边各为 2 厘米。软文编排设计时要严格把握行距和字距的疏密,再配合字体字号一致,就可以和新闻稿一样美观大方。

(三)分栏

对于较长的软文来说,分栏必不可少。要严格参考发布媒体的分栏方式,严格把握每栏的栏宽长度。一般来说,每版以 5 栏划分,每栏约 6 厘米宽,小报每版以 4 栏划分,每栏约 5.5 厘米宽。

软文推广不仅是产品的推广,也是品牌的推广。只有给消费者营造良好的阅读体验,才能在未来的营销中给消费者以较好的品牌印象。软文的排版美观清晰、布局统一,才能给消费者以良好的阅读体验。

七、软文覆盖的传播媒体不可过少

软文的营销效果与其覆盖的传播媒体的数量有关。营销即宣传,如果不能让消费者接受软文及其传递的信息,那么,软文布局得再好,排版再美观,标题再吸引人,也不能让消费者接受。因此,在进行软文营销时,其覆盖的传播媒体切不可过少。

(一)媒体

通过媒体宣传的目的,不只是为了在媒体上露个面,而是要通过媒体辐射到潜在用户,假如媒体数量过少,软文营销几乎没有意义。媒体的受众面较广,无论受众是不是潜在消费群体,都可能成为最终的消费者。

(二)门户＋新闻＋行业网站,进行组合宣传

在传播媒体中,门户、新闻和行业网站的结合是软文增强传播媒体覆盖的重要方法。随着科技的不断发展,新闻的更新速度在不断上升,大家对新闻的关注度也在不断增加。新闻式的软文营销已经成为营销的一部分,也是软文覆盖传播媒体的重要平台。

(三)宣传要以月度为单位

每月发布 4 篇以上软文,每篇软文覆盖 20 个以上的媒体,才能形成立体宣传覆盖效果。刷屏式的做法虽然没有多高的技术含量,但不可否认的是它的确能够给消费者留下深刻的印象。

软文覆盖的传播媒体过少,会达不到软文预期的营销效果,但是数量也不可太多,以免引起消费者的审美疲劳,产生反感情绪。因此,选择适合软文推广的传播媒体,多用正确的方式进行宣传营销,才会达到事半功倍的效果。

第五节　软文营销实战案例

一、星巴克软文营销案例

来看看星巴克的一篇软文——《宝贝,你咬吸管的样子好美》,这是胡辛束(微信公众号大号)为星巴克做的一篇软文:

"从去年夏天开始,我就患上了咖啡依赖症,每天不去给星巴克贡献30 元钱,就好像对不起自己馋咖啡的瘾。打那以后,每次看到大街上咬着绿吸管的姑娘,我都觉得好感倍增,总觉得我和她们有着相同的症状,而不是一个人孤独地活在咖啡病房里。"

文章从咬吸管的女孩就像将头发一样很性感,写到自己爱上咖啡、爱上星巴克、爱上绿吸管(星巴克特有的吸管颜色),再到星巴克写稿子,描述出星巴克这一元素在作者生活中的重要性。

因此,对那些举着同样咖啡,拥有相同生活方式,有着同样特质的姑娘抱有好感,觉得自己跟那些姑娘有着同样的症状,属于同一个群体。从产品过渡到精神和心理需求,再到生活方式和群体的相同。

就是这样一篇娓娓道来的软文,在故事和感慨中间,不经意地打出了星巴克的文化价值。看似在写自己的感受和生活方式,实际上却做得一手好广告。喝咖啡、咬绿吸管、写稿子,统统折射出星巴克的产品特点:从产品优势,到文化价值,再到群体代名词。

产品优势:爱上咖啡和去星巴克有什么关系呢?关系就是,星巴克作为咖啡的代名词,不去那里喝咖啡就不能说自己爱咖啡。为什么星巴克是咖啡界的代名词,根本的原因是星巴克的咖啡很好——咖啡原料好,制作技艺好,呈现方式好。

文化价值:这一点更不必说,像星巴克一样8点钟就被占满座位的咖啡店确实不多。咖啡店学习氛围很浓的也非星巴克莫属,家长带着小孩写作业的、国际家教的、抱着一大本书啃的、埋头工作的,在星巴克从早到晚都是如此。

群体代名词:最让人产生共鸣的是群体感。社会中的每个人都需要存在感,在一个共同的群体中被理解、被看待就是刷存在感的最好方式,所以会有"星巴克姑娘"这一说法。这群姑娘有着相同的气质和情感归属感。

软文充满了这样一种暗示和诱导:如果你也有类似的性格,如果你恰巧对咖啡也不讨厌,有没有兴趣去星巴克买杯咖啡?或者是不是对星巴克的消费人群充满了好感?

"自从我患了咖啡瘾之后,出入星巴克的频率平均一个月有20天。习惯于一个人坐在角落里,买杯星冰乐,然后开始写稿,时不时我会抬头看看,和我买同款饮品的会是什么样的人。总觉得自己就像是还没长大的孩子,充满了对这个世界的好奇心。"

这说的是文章作者自己呢?还是消费者呢?哪个出入星巴克的人不觉得自己是个文化人呢?哪个人不希望自己像个没有长大的孩子呢?这就是软文营销——写作者完全把握了读者的心理,再也不是用功能上的利益生拉硬拽消费者埋单,就说你的价值观,说你的个性,说你想听的,说你渴望得到的一种生活。你敢说没有被打动吗? 软文营销,一种神不知鬼不觉地植入消费者心里的广告。

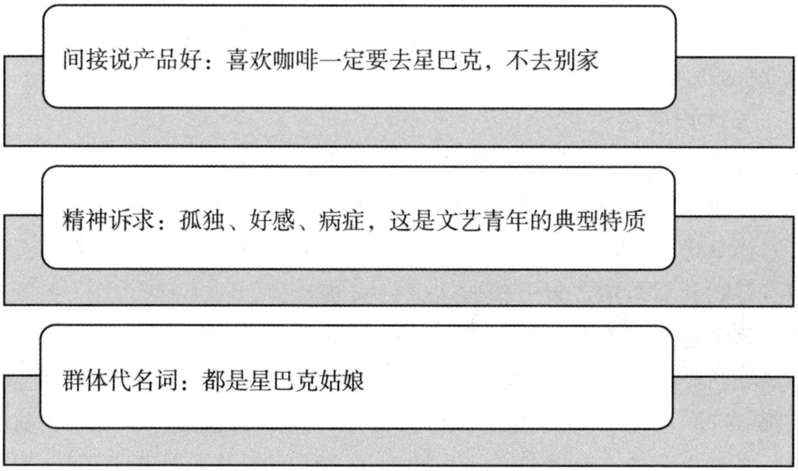

间接说产品好:喜欢咖啡一定要去星巴克,不去别家

精神诉求:孤独、好感、病症,这是文艺青年的典型特质

群体代名词:都是星巴克姑娘

图 5-4　星巴克的软文营销策略[1]

二、京东商城家电软文营销案例[2]

在家电行业里除了价格,服务也成为时下消费者关心的话题,特别是网上购物,服务更成为消费者考虑的重中之重,所以,很多家电企业都在软文营销的道路上,注重了"服务"来推广自己的品牌,下面来了解京东是怎样利用软文营销推广自己的品牌的。

京东商城"心服务体系"重点服务举措简介

全场免运费

2010 年 6 月,京东商城发布公告:不限金额,不分会员级别,不分品类实行全场免运费,这是一个有利于网络购物消费者的优惠措施。

iPhone、Android 等"手机客户端应用"

2011 年 2 月 17 日,京东商城在业界"第一个"推出基于 iOS 平台的

① 刘恒涛,杨霞. 疯转手把手教你如何写出一篇精品软文[M]. 北京:中国铁道出版社,2017.

② 周慧敏. 一句话打动消费者软文营销实战写作与案例分析[M]. 北京:中国铁道出版社,2015.

移动设备客户端应用系统,除了下单、查询等常用功能,用户还可以通过直接拍摄商品的条形码实时查询京东商城的相应商品价格。

随后,于 3 月 10 日,发布了基于 Android 平台的移动设备客户端软件。同时,支持 WindowsMobile 与 Symbian 等其他智能平台移动设备的软件,也将陆续发布。

"211 限时达"

2010 年 3 月,京东商城推出"211 限时达"极速配送服务,服务承诺:当日上午 11:00 前提交现货订单(以订单进入出库状态时间点开始计算),当日送达;夜里 11:00 前提交的现货订单(以订单进入出库状态时间点开始计算),第二天上午送达(14:00 前)。

这个速度目前在中国电子商务企业还没有第二家能承诺。目前,京东商城已经在 13 个城市提供"211 限时达"服务,包括北京、上海、广州、成都、苏州、昆山、无锡、嘉兴、绍兴、杭州、天津、深圳(上午 10:00 前下单),其自主配送率已达 70%,并计划于 2013 年,将自主配送率提高至 95%,提供"211 限时达"服务的城市将增加到 50 个以上,并支持高达 300 万单的日订单交付能力。

为此,京东商城在已拥有的超过 20 万平方米的仓储空间基础上,已经在北京、上海和成都等地购买了近千亩土地,以用于仓储的建设,其中,位于上海的"亚洲一号"物流中心在建成后,将有望成为亚洲最大的电子商务物流仓储中心。与"211 限时达"相对应的是,目前京东商城的日订单处理量已超过 13 万单。

GIS 包裹实时跟踪系统

2011 年 2 月 28 日,网络零售行业第一个 GIS 包裹实时跟踪系统在京东商城正式上线,京东商城所有配送员均配备了 PDA 设备,以便于客户实时地追踪自己的购买产品的配送进程。

今天,京东商城用户可以在京东网站地图上实时地跟踪自己包裹在道路上的移动等投递情况,消费者可以不用再担心自己的货物被送到哪里,什么时候才可以送达等细碎的问题。

消费者直接在网上即可以查阅到包裹实时的地理位置,以及行进速度,甚至可以根据配送员即时服务系统,实现现场价格保护返还,无须和呼叫中心确认,京东配送员就可以现场实现"价格保护"服务,并且在送货过程中,消费者无须通过页面操作就可以实现退换货服务。GIS 跟踪系统还能实现现场订单状态的即时完成,以便客户更快地进行产品评价、晒单。

7×24 小时客服电话

2010 年 10 月 9 日 0 点起,京东商城成为国内首家提供 7×24 小时客户服务的电子商务企业。网购消费者可以在任何时间拨打京东商城的客服电话:400-606-5500。这是京东为了更及时、方便地服务广大消费者,以期为更多客户解答售前、售中、售后甚至投诉疑惑的举措。

目前,京东商城拥有客服坐席 400 个,全天候待命,可为全国客户提供电话、IVR 语音、人工服务、电子邮件等各种形式的服务。未来,京东商城计划将客服坐席扩充至 600 个,为客户服务"保驾护航",从而进一步提升全国客服中心的服务品质。

"售后 100 分"

2010 年 4 月,京东商城推出"售后 100 分"服务承诺自京东商城售后服务部收到返修品并确认属于质量故障开始计时,在 100 分钟内处理完一切售后问题,为消费者首次明确了退换货周期,并大大缩短行业售后周期。

500 万元"先行赔付保证金"

2010 年,京东商城与中国消费者协会合作设立了高达五百万元的"先行赔付保证金",成为迄今为止,国内唯一一家推出"先行赔付"专项信誉质量保证金的零售企业,网购消费者在京东商城购物发生纠纷时,可以向中消协申请先行赔付及调解。

在消除网购消费者购物顾虑的同时,这也是京东对自身服务承诺充满信心的体现,同时,这种机制的设立也将对我国建立零售行业诚信体系,构建健康的消费环境起到示范和推动作用。

全国范围上门取件

2010 年 6 月 5 日起,京东商城针对售后服务的上门取件范围扩展到全国,全体京东会员购买产品后出任何问题,只需提交一个申请,其他都由京东负责处理。

"争议快速解决绿色通道"

2010 年 7 月,京东商城与工商管理部门联手,为消费者设立了"争议快速解决绿色通道"。在《消费者权益保护法》规定的解决消费者投诉的五条途径中,"与经营者协商和解"是成本最低、效率最高的一种途径。

但以往,由于消费纠纷情况复杂、处理时间长,以及其他一些客观因素,可能会无意中带给善意的消费者烦恼。"争议快速解决绿色通道"在保留"自行协商"环节的同时,由于有工商部门的参与,加强了监督和指导,大大缩短了消费者通过传统方式解决投诉所需的时间。

"绿色通道"减少了消费者的维权成本,进一步拉近了我们与消费者的距离,提升了京东商城的社会效益。

此软文,利用了小标题,可以让读者一目了然地看到京东商城的服务有哪些,主要涉及网络购物环节、售后、投诉处理等环节,涉及购物过程中的"手机客户端""全场免运费""全国物流配送""货到付款""移动POS刷卡""211限时达""GIS包裹实时跟踪系统"与"正规机打发票"等,能成功地在读者心中加深印象,建立好的品牌宣传。

对于家电行业,可以在节假日时,各大家电零售企业,纷纷推出全新服务,然而这些服务我们都可以运用在软文的结尾处,作为锦上添花之笔。

第六章　整合营销

人类社会进入 21 世纪后,正以前所未有的发展速度向前推进。经济全球化推动了管理全球化、信息全球化、金融全球化、物质配置的全球化、营销全球化等,经济全球化使现代营销在各个方面正发生着翻天覆地的变化。整合营销作为一种新型的营销观念已经从理论走向实践,并深刻地影响着现代营销的发展。

毫无疑问,整合营销是现代营销发展的必然趋势。因为整合的企业形象传播是现代营销成功的关键,整合的公共关系与市场营销是现代营销成功的基本保证,整合营销是 21 世纪知识营销的前提,整合营销是 21 世纪关系营销的基础,整合营销是现代企业组织创新的必备条件,整合营销是现代企业参与全球一体化竞争的有力武器。

第一节　整合营销的发展

整合营销传播(integrated marketing communication,IMC),可以被定义为:协调、整合公司内所有的营销传播工具、载体和资源,形成无缝计划,最大化地影响客户和其他利益相关人。

考察人类信息传播行为,作为一种传播方式的整合传播要求并非突如其来,也不是无迹可寻。人类在信息传播过程中,一向就有自觉和不自觉的信息整合表达,运用多种表达方式进行信息传达,几乎是人类的一种表达天性。而整合营销传播的发生,也正是基于信息表达过程中对信息强化的需要,与此同时,当市场和信息环境发生了根本转变,整合也就成了营销传播中一项非常突出的价值性工作。之所以这么说,就是因为如果缺少有效的整合,信息将会受到损失甚至是歪曲,营销以及营销传播也将丧失价值。在新的市场背景下,整合营销传播使营销目标以及营销主导要素都发生了变化,这种变化不可逆转地带来了营销传播价值取向的改变,并因此促成了新的营销传播管理模式的建立。

一、整合营销传播兴起的背景

作为市场营销和营销传播领域的一种新的观念,整合营销传播兴起于 20 世纪后期。毫无疑问,在 21 世纪的前十年,营销的趋势和力量正促使一些领先企业接纳一套新的理念和实践方式。整合营销是以开发、设计和实施营销计划、过程及活动为基础的,但同时也深刻地认识到上述营销计划、营销过程和营销活动的广度和彼此之间的相互依赖性。

整合营销摒弃了市场营销观念单纯满足消费者短期欲望而忽视社会利益的思想和行为,坚持以维持和改善消费者和社会整体福利的准则和方式,传递市场价值及满足市场需求。这就要求企业开展担当社会责任的、具有可持续性的市场营销,强调满足市场需求不能危害他人和社会福祉,满足消费者当下的欲望且不能损害消费者的未来。整合营销要求企业在制定营销政策和实施营销行为之时,必须考虑公司利润、消费者需要和社会利益三者的平衡和协调,并且坚持人类社会的整体利益高于消费者的利益和企业的利益。

整合营销观念是营销观念的发展和延伸,强调企业向市场提供的产品和劳务不仅要满足消费者个别的、眼前的需要,而且要符合消费者总体和整个社会的长远利益。企业要正确处理消费者欲望、企业利润和社会整体利益之间的矛盾,统筹兼顾,求得三者之间的平衡与协调。

通过营销管理观念的 50 年变迁,企业的市场营销管理是在这种特定的指导思想或者经营观念指导下进行的。在这五个阶段的营销观念之后,西方国家营销学者对营销观念又提出了新思考、新提法,市场营销观念也出现了一些新的演变动向。

整合营销观念即企业的经营指导思想或营销管理哲学,是企业在经营活动中所遵循的一种观念、一种导向。在西方国家工商企业的营销活动中,先后出现了五种营销观念,即生产观念、产品观念、推销观念、市场营销观念和社会市场营销观念。营销管理哲学是企业在开展营销管理的过程中,在处理企业、顾客和社会三者利益方面所持的态度、思想和观念。

二、整合营销的作用和意义

包括营销沟通服务的供应商及其客户在内的许多公司,越来越多地运用整合方法来组合沟通活动。整合营销沟通不仅在北美,而且在英国、欧洲和拉丁美洲得到了很大发展。整合营销沟通的最初接受者是包装消费品的生产商,但它现在已被许多零售业和服务业营销者所采用。现在看来,整合营销沟通肯定不会来去匆匆、昙花一现,而是全球各种营销机构的营销沟通实践的永久特征,正如整合营销沟通的先驱唐·舒尔茨所说:"简单说来,对于想要在 21 世纪的市场中取得成功的人来说,整合化是合情合理的,营销者、沟通者和品牌机构除此之外别无选择。"

整合营销沟通是发展和实施针对现有和潜在客户的各种劝说性沟通计划的长期过程,整合营销沟通的目的是对特定沟通受众的行为施加影响或直接作用。整合营销沟通认为现有或潜在客户与产品或服务之间发生的一切有关品牌或公司的接触,都可能是将来讯息的传递渠道,进一步来说,整合营销沟通运用与现有和潜在的客户有关并可能为其接受的一切沟通形式。总之,整合营销沟通的过程是从现有或潜在的客户出发,反过来选择和界定劝说性沟通计划所应采用的形式和方法。

整合营销沟通的另一个基本点是对客户的关注。整合营销沟通认为理解客户对于开发最恰当和有效的沟通方法组合是最重要的,整个整合营销沟通过程要从客户开始,然后才能开发出合适的沟通形式和种类。过去,或者至少是传统上,营销人员是单个地使用沟通组合中的方法的,它们几乎是相互孤立的,然而,人们开始认识到"在新环境中成功的营销者是能够紧密协调运用多元沟通方法的人。不论是从媒体的角度(广告),还是从项目的角度,你都能看到整个品牌在用一个声音说话。"

三、整合营销传播在中国应用和发展趋势分析

很多因素都对营销传播领域产生了影响。经济压力迫使那些聘请广告代理机构的公司领导者意识到,不可能无限制地将钱花费在营销活动上;逐渐兴起的社会趋势对营销信息和传播的手段产生了影响;新技术的产生也影响了营销传播领域。经调查总结,有以下结论:其一,整合

营销传播的理念已经被中国企业广泛认知,并且被认为是最具影响力的营销传播理念之一;其二,对 IMC 定义的理解多种多样;其三,广告仍然是被最为广泛运用的一种营销传播手段;其四,IMC 的执行效果存在疑问;其五,IMC 效果测量方法不规范;其六,IMC 在中国的推广是有必要的。

在上述因素作用下,营销传播领域出现了三个新的趋势。

(一)对可测量结果的重视

第一个趋势是对可测量的结果日益重视。公司要求广告公司拿出有形的结果,促销费用必须谨慎花费,优惠券、竞赛、折扣或者是广告活动,必须在销售额、市场份额、品牌知晓度、消费者忠诚度或者其他指标上得到可观测的结果,才会被认为是成功的。

公司的首席执行官(CEO)、首席财务官(CFO)和首席营销官(CMO)们推动着可测量性营销活动。按照广告公司 BBDO 的首席战略官马丁·斯特劳(Martyn Straw)的说法,公司管理层和所有者厌倦了"把钱花在那些成本不断上升,收益却越来越小的电视广告和精美的杂志广告上"。

因此,很多公司开始越来越少地依赖 30 秒电视广告投放,而是运用另类营销渠道和方法,结合特殊事件,收集和追踪客户的姓名、个人信息和地址。斯特劳认为营销已经不再被看作是一项成本,而变成了一项投资,营销花费必须能创造销售收入和利润。

(二)任务和职责变化

营销传播的第二个新趋势是广告计划参与者的任务和职责发生了变化。首当其冲的是广告代理公司的客户主管,客户主管负责客户公司广告计划的销售、指导和监督。不断增长的对结果可测量性的要求,促使客户经理必须仔细审核每个市场活动,并为每个客户提供活动成功的证据。所以,客户经理既要为客户制定总体的战略传播计划,又要监查每一项促销活动。

客户公司的产品经理或品牌经理对某一个特定品牌或产品线负责,当一个品牌的增长放缓时,品牌经理就要想尽办法促进其增长。品牌经理必须致力于和广告公司以及其他在贸易、促销方面的专业人员和机构合作,将品牌形象有效地传递给客户。品牌经理要整合、协调各个品牌传播沟通活动中每个个体或机构,以确保消费者接收到一致的信息。

同样面对新任务和职责挑战的另外两群人是创意人员和策划人员。创意人员负责制定具体的广告和促销材料,大多数创意人员服务于广告公司,一些只为特定的公司服务,另一些是自由职业人员。客户策划人员在广告公司内部代表了消费者的声音,他们的工作主要是站在消费者或客户的观点参与广告创意以及广告活动的制定。在消费者注意力很难被吸引的新时代,创意人员和策划人员要为客户公司的战略营销方向出谋划策,同时他们还要能帮助客户找到能最有效地接触目标受众的营销传播计划。

(三)另类媒体的出现

第三个趋势是另类媒体的出现。网络营销广告已经从简单的网络广告发展为互动式网站、博客和社交网络,智能手机和短信等手持技术开创了全新前景,甚至是一种新语言。另类互动营销可以创作一种品牌体验,而不仅仅是实现购买。

很多公司都削减了传统媒体的广告支出,投向了非传统或另类媒体。宝洁、AT&T、强生、卡夫食品、Verizon 和丰田等多家公司削减电视广告,将资金投入到了数字媒体。正如通用汽车总裁所指出:"购买新车的顾客中有 70% 左右会进行网上调研。"对于其他产品,情况也是同样的。

如今,具有强大购买力的年轻消费者很少观看电视,而是通过社交媒体和他们在全世界的朋友们交流。营销面临的挑战是如何接触到这些越来越擅长屏蔽传统广告信息的消费者,仅仅吸引他们的注意已经远远不够了,今天的营销传播要找到和消费者互动交流的方式,创造积极的长期的品牌体验。

第二节　整合营销的基础

整合营销是理解顾客和其他股权人的需求,指导企业的生产和销售流程去满足这些需求,并从整体上思考所有营销和管理决策的过程。在企业层面要求所有的经理都能树立企业的整体观念;同时,组织的结构要使部门之间能共享信息,共同参与计划的制定。比如说,企业目标是利润最大化,那么,新产品扩大销量的营销计划、新产品营销沟通的战略都能支持企业的目标实现。如果所有目标互相支持,整合就会容易得多。从沟通角度来看,整合营销重在协调所有营销活动以实现营销目标,并控制或影响它们发出的信息:营销组合发出的信息、营销沟通过程中发出的信息。

整合营销传播是指营销传播领域的战略协调,如广告、推销公共关系、直接营销、包装、远距离营销等。每家企业一旦确定了自己的目标,就会制定出一个经营计划:一个勾勒出组织目标以及为实现目标所必须采取的特定行动的长期规划。经营计划制定以后,分管营销的人就要制定营销计划,营销计划必须同时符合企业使命与经营计划,而营销传播计划必须符合营销计划。问题在于,如果管理不当,企业使命经营目标、营销目标和营销传播目标在执行过程中有时会互相冲突,为了确保企业目标的实施,不同部门的经理之间必须要有有效沟通。

一、横向的整合与纵向的整合

新媒体的"整合"是营销的基础,"整合营销"中的"整合"包含两个方面的内容:横向的整合与纵向的整合。

(一)横向的整合

横向的整合也称为水平整合,或空间发展上的整合,是指各种不同营销传播工具的整合运作。横向整合源于两个理由:

一是媒体剧增,唐·舒尔茨称之为媒体零细化(Media Fragmentation)。消费者接触的媒体越来越多,企业需要协调产品信息的复杂性。之所以媒体剧增,一方面是由于新媒体的不断涌现,比如互联网、手机媒体等;另一方面是由于传统媒体数量的不断增多,比如电视媒介、报纸、杂志的规模不断壮大等。

二是从消费者处理信息情况来看,消费者对信息采用了"浅尝式"方式。由于信息爆炸,消费者的注意力就成为稀缺资源,这要求企业产品信息必须清晰一致,才易于消费者对信息的辨认、分类、理解。

横向整合可以从以下四个方面掌握。

1. 媒体信息的整合

媒体信息的整合,如语言、文字、图片、动画、声音等的整合运用。单一地使用某一种传播符号,会给人乏味空洞的感觉,要善于将各种传播要素整合运用。实际上,人类的传播符号也经常是混合使用的,这一点上,我们从学者爱伯特·梅热比所给出的沟通公式里就可以看出:沟通双方相互理解＝语调(38%)＋表情(55%)＋语言(7%)。

2. 营销工具的整合

营销工具的整合,如广告跨媒体传播、公益营销、事件营销、情感营销、概念营销、体育营销、城市营销、会展营销、病毒营销、暴力营销、合作营销、直复营销等传播手段的整合运用。

3. 接触管理

唐.舒尔茨把接触定义为:凡是能够将品牌、产品类别和任何与市场相关的信息,传输给消费者或潜在消费者的过程与经验。"接触"包含了媒体、营销传播工具与其他可能与消费者接触的形式。谈到接触管理,不得不提到李奥贝纳广告公司,它是美国广告大师李奥.贝纳创建的广告公司,现在这家公司是全球最大的广告公司之一,于1935年成立于美国芝加哥,在全球80多个国家设有将近100个办事处,拥有一万多名员工,集品牌策划、创意、媒体为一体,为国际上的知名客户提供了全方位的广告服务。该公司的一项专有研究表明,消费者拥有102种类似"广告"的不同媒体——从电视到购物袋以及组织发起的活动事件等。唐·舒尔茨认为,每个接触都应该是传播工具。

BBDO广告公司董事长、总裁艾伦·罗森极曾说:"BBDO公司很清楚地知道不能进行理性推销。我们认为,广告实际上是消费者与品牌的一次接触,我们很谨慎、小心地使这一接触尽可能愉快温暖,富有人情味,而从营销战略的角度上看还很恰当。"我们知道BBDO(Batten,Barton,Durstine&Osborn,BBDO,中译为天联广告公司或者天高广告公司)是连续多年全球获奖最多的广告公司,该公司帮助客户建立起了强大的品牌,并且为他们的销售带来了盈利,这可以用无数和它有超过10年合作关系的著名品牌来证实,例如百事可乐。目前该公司在中国的主要客户有中国移动、克莱斯勒、联邦快递、通用电气、上海家化等。这样一家获奖无数的大牌广告公司的总裁对接触管理依然很重视。

当然,也有一些企业对接触管理还没有深刻的认识,而这种欠缺也带来了严重的后果。比如,我们可以来看看东风雪铁龙无心失误的广告接触风险,2008 年 1 月 8 日在西班牙第一大报《国家报》上,神龙汽车有限公司为庆祝其年度销量冠军——东风雪铁龙,而做的整版的法国雪铁龙汽车广告。该广告的广告语:"雪铁龙,2006 和 2007 年度销售领袖。凯撒风范尽现!"广告文案:"毫无疑问,我们是王者。对于雪铁龙,革命远远没有结束,我们将在 2008 年将所有已有的技术优势进行到底"。由于在广告画面里歪曲了中国一位伟大领袖的形象,广告刊出后,立刻引起在西班牙华人的强烈不满和抗议。中国《环球时报》随即对此事做了报道,法国雪铁龙总部当天通过雪铁龙(中国)致信,表示该公司已要求西班牙媒体停止该广告的刊登,并且"向所有被该广告伤害的人表示歉意",雪铁龙的品牌美誉度也随之迅速下降。

进行接触管理就是要强化可控的正面传播,减缓不可控的或者不利于产品或服务的负面传播,从而使接触信息有助于消费者建立或者强化对品牌的感觉、态度与行为。在产品的标志上,比如:德国运动器材 PUMA 标志,以美洲狮为图案,表达勇猛、速度与力量。在企业的名称上,比如:肯德基的名称,相信爱吃快餐的人都非常熟悉 KFC,但是又有多少人知道 KFC 到底是什么意思呢?肯德基为什么以 KFC 作为自己的名称?其实,"KFC"是肯德基炸鸡"Kentucky Fried Chicken"的缩写,之所以要进行这样的缩写,肯德基是为了掩饰油炸食品在今天追求绿色健康饮食的时代背景下,可能对人们产生的负面影响,这样很多消费者就会忽略肯德基是油炸食品、垃圾食品的客观事实。这就是肯德基运用的接触管理。

4. 对各类目标消费者的信息传达整合

每一类目标消费者都有各自的特点,需要整合运用不同的策略进行信息传播。比如:同样是茶饮料广告,以青少年为诉求对象,会采取动画活泼地展示;而以成年人为传播对象,则画面深沉、含蓄。

综上所述,我们对整合营销传播的横向整合进行梳理,即可从四个方面把握:媒体信息的整合、营销工具的整合、接触管理、对各类目标消费者的信息传达整合。

（二）纵向的整合

纵向的整合也被称为垂直整合，或时间发展上的整合，是指对与消费者建立关系的各个不同阶段实施整合。之所以要进行纵向的整合源于两个理由：

第一，从营销传播的连续过程来看，产品设计、包装、配销通路、定价都是和消费者沟通的要素。整合营销传播认为传播手段可以无限宽广，只要能协助达成营销及传播目标，店头促销、商品展示、顾客服务等都是传播利器。

第二，从营销传播目标的层级反应模式来看，营销传播需要提供消费者在不同阶段所需的适当信息，才能使消费者在品牌忠诚阶梯上不断推进，最终成为品牌忠诚。

对于整合营销传播的纵向整合，可以从两个方面来把握。

1. 营销活动不同过程中的整合

成功品牌实际上是从选择原材料到为顾客提供最后服务的一个完整的商业体系，消费者乐于购买的是这样一个完整体系，而不仅仅是零售商货架陈列的东西。包括：市场细分和定位、营销组合品牌传播、物流配送、售后服务等。例如，"金利来——男人的世界"，这属于性别细分与定位；又如，"永芳——世界淡妆之王"属于使用场合细分与定位等。

2. 与消费者关系发展过程中的整合

在与消费者关系发展过程中，大致可以分为以下几个阶段。

（1）引起消费者注意

引起消费者注意，要让消费者意识到品牌的存在，强烈的品牌个性与清楚的定位都很关键。高品质的形象广告、强势的公关活动以及产品使用者的影响，都是让消费者形成正面行为倾向的重要手段。

（2）引起有意顾客兴趣

引起顾客兴趣，有意顾客会想吸收更多信息，以考虑是否将产品作为选择的对象。不过他们仍是被动地接受。比较详细的产品广告、公关活动媒体报道、直复营销等，都是本阶段恰当的传播工具。

（3）刺激潜在顾客欲望

刺激欲望，消费者开始主动寻求有关信息，以作品牌间比较，同伴团体以及其他意见领袖的口头传播、产品手册、DM 广告和销售人员提供的信息，都会起到良好效果。

（4）付诸行动

当顾客转变为实际顾客，信息既可能来自其实际的使用经验，也可能来自传播。广告公关的目的，在于再次保证什么，具有一定重要性，促销活动也不可或缺。如果已有明确的顾客资料，通过人员销售与数据库营销，效果会更好。

（5）品牌拥护者再次购买

其传播目标是维持品牌与消费者良好的关系，提供信息用来减低购买后可能产生的认知不协调。协调一致、持续出现的广告和公关活动是此时期的传播重点；口碑、售后服务、直复营销也扮演重要角色，用来刺激消费者重复购买，向别人推荐。

二、整合营销传播的 5R 基础与五大特征

（一）5R 的基本思想

唐·舒尔茨提出了 5R 理论，作为整合营销传播的基础，即关联（Relevance）、感受（Receptivity）、反应（Responsive）、关系（Relationship）、认可（Recognition）五要素。

1. Relevance——与顾客建立联系

在激烈竞争的环境里，顾客忠诚度是会变化的，顾客是流动的。通过有效地与顾客建立联系，提高顾客的忠诚度，将顾客的流失降低到最小。

企业可以通过以下三种途径与消费者建立联系：

（1）可以将企业目标与顾客需求建立联系

把顾客与企业牢牢联系在一起，形成一个利益共同体。比如，为顾客提供一体化解决方案，由于这种关联是互助、互需、互求，因此能形成长久巩固的关联纽带。例如，上海贝尔股份有限公司（公司直接隶属于

国务院国有资产监督管理委员会,是中国高科技领域的第一家外商投资股份制公司),将自己的企业使命定义为:以卓越实力推动客户发展,壮大自身业务,丰富人们的沟通体验。这体现了该公司将企业壮大的目标与客户的需求发展进行密切的关联,为了实现这一关联,公司采取了多种方式,例如,通过自己制定的数字期刊,来与广大客户建立联系,在期刊的领导致辞中,我们也可以感受到上海贝尔股份有限公司对客户的重视。

(2)将产品与顾客需求建立联系

将产品与顾客需求建立联系,即提高产品对顾客需求的对应程度。产品是一个整体,具有核心产品、形式产品和附加产品三个层次;顾客的需求分为使用需求、精神心理需求和潜在需求。将产品层次和不同需求对应起来,对应越准,关联性越强。首先,惠普公司很注意通过提供不同层次的产品,去迎合满足顾客不同的需求。比如,惠普公司会提供核心产品,我们常见的经典的惠普商务系列笔记本电脑采取了大家都能接受的配置和价格,满足一般人的使用需求。其次,惠普公司还会推出所谓的形式产品,去满足人们的心理需求和精神需求。比如,厚度不足1欧元硬币的超薄时尚惠普笔记本电脑,可以满足追求时尚、新鲜的人们的炫耀心理。最后,惠普公司还会匠心独运地打造一些附加产品,去迎合更多消费者的潜在需求。例如,惠普的旋转屏笔记本电脑,这种电脑将屏幕反转会变成一个平板电脑,可以使用触控笔进行操作,其设计非常人性化,触摸板采用凹点设计,手感非常不错,按键也比较软,按压不会感觉很大的阻力,提供了很多超值功能。

(3)采用"量身定做法"与顾客个性需求建立联系

随着收入水平的提高和科技的快速进步,顾客个性化需求也越来越强烈。传统大批量生产对个性需求无能为力,只有用"量身定做法"。比如,针对一部分热衷奢侈品的消费者,很多公司开始着手通过量身定做的方式吸引顾客的目光。例如,由瑞士Goldvish公司打造的钻石手机,机身为足金,镶120克拉钻石,VVS-1等级,由挪威珠宝设计师打造,世界上最昂贵的钻石ipod,由于这颗钻石ipod引起的反响很大,设计师又制作了一对配套的钻石耳机。该套物品机身由18k黄金打造,镶有430克钻石,共计18克拉,堪称是古典手工与现代科技的完美结合。采用"量身定做法"制作出来的产品,极大地满足了消费者的个性化需求,从而与消费者建立了密切的关联。

2. Receptivity——注重顾客感受

在现代市场环境中,重要的不是要说给顾客听,而是要多听顾客说。抢占市场的关键不是在交易中赚多少钱,而是与顾客建立长期、稳定的互惠关系,从交易营销变为责任营销、关系营销。那种认为只要对顾客的需求做出回应,为顾客解答了问题,平息了顾客的抱怨的想法已不合时宜,现在要主动地把服务、质量和营销有机结合起来,实现长期拥有顾客。比如,在我国有很多著名的中华老字号小吃店,虽然有着悠久的历史,拥有独特的口味,但是在就餐环境上、提供服务上、购餐排队等候上、店面的装修设计上等都还存在一定的欠缺,亟待改善,以免很多慕名而来的外地游客和国际友人在光顾这些小吃店后觉得见面不如闻名。①

3. Responsive——提高反应速度

现代营销的工作重点,应从过去的推测顾客需求转变为快速回应顾客信息。

必须建立快速反应机制,提高反应速度,才能最大限度减少顾客抱怨,减少顾客转移率,巩固顾客群。在这个方面,日本公司的做法值得参考,他们不保证产品不出问题,因为那样做所支付的成本太高,而是在建立快速反应机制的基础上,尽量去协调质量和服务的关系,快速反应顾客意愿,提高服务,实现双赢。比如,曾经有一位美国记者在日本买到了劣质的洗衣机后,怒气冲冲地回去退货,日本的公司马上做出回应,说这是公司在搞有奖销售,谁买到了其中的 3 台坏洗衣机就是中了大奖,除了再给一台洗衣机外,还有大量的奖金。这就是快速的市场反应能力。

4. Relationship——关系营销越来越重要

"关系"并不是仅仅局限于企业与顾客,而是围绕交换而发生的各种关系。

这些关系的建立、维持与推进在很大程度上影响营销的成败和效益的好坏。关系营销扩大了营销工作的范围和营销策略的组合。但是关系营销不是庸俗的关系学,它排斥违背商业道德的各种关系和非法交易手段,例如金钱交易、色情交易、权权交易等。

---

① 沈剑虹. 整合营销传播内涵与典例研究[M]. 大连:大连海事大学出版社,2014.

5. Recognition——赞赏回报是营销的源泉

营销的真正价值在于为企业带来长期利润。没有回报,营销就失去意义。

没有回报的市场关系是没有动力和难以存在的,所以,营销工作的终极目的是追求回报。企业为顾客提供满意的服务必须获得预期回报,企业不是,也不能成为仆人。比如,人们一提到海尔品牌就会想到那句广告语"海尔真诚到永远",经过了多年的努力,很多人都认可了海尔的售后服务在全国最好的。

(二)整合营销传播的关键特征

整合营销传播具有五大关键特征:

1. 传播过程始于消费者

整合营销传播的首要关键特征是传播过程应该开始于顾客或潜在消费者,然后再回到品牌传播者,以决定采用什么形式的信息和媒介,来告知、说服和引导顾客或潜在消费者,采取对传播者所代表品牌有利的行动。

2. 使用各种形式的方法和消费者接触

整合营销传播使用各种各样的传播形式和所有可能的接触方式来作为潜在信息传递渠道。

3. 营销传播要素协同发挥作用

一个品牌的分类传播要素(广告、卖点标记、销售促进、活动赞助等)必须代表相同的品牌信息,并且通过不同的信息渠道或接触方法传递一致的信息,实现"用一个声音说话"。

4. 和消费者建立关系

整合营销传播理论认为,成功的市场营销传播需要在品牌和消费者之间建立关系,可以说,关系的建立是现代市场营销的关键,而整合营销传播又是建立关系的关键。

5.最终影响消费者行为

整合营销传播最后一个特征是影响传播受众这一目标,这意味着营销传播不能仅仅影响消费者对品牌的认知度或是强加消费者对品牌的态度,更为重要的是,成功的整合营销传播应该得到消费者行为方面的回应,也就是让消费者采取相应的行动。

第三节　整合营销的方法

社会已经开始进入到知识经济的时代,全球经济一体化进程的加快使现代企业面临着空前的市场竞争压力,市场营销正经历着深刻的变革。整合营销作为 21 世纪的一种新兴的营销方法正深刻地影响着现代营销的各个过程。实践证明,如何进行整合营销传播方案策划,如何实施整合营销传播是整合营销传播成功的基础。现代企业在进行整合营销时,首先要做好一定的基础工作,对一些基本要素进行有机整合。

整合营销是以"消费者为导向"的营销,整合营销成功的基础是企业内部和外部各种管理要素的有机整合。当然,这种整合绝不是简单地归并或简单的相加或相减,这种整合必须是整体效益"1＋1 大于 2"的整合。为了达到这种整合营销的效益,必须要掌握以下方法并加以灵活应用:

一、建立程序化和标准化

在整合营销中,必然会涉及企业各方面资源整合,要使整合的资源有序、有效,必须要建立程序和标准,没有程序和标准的资源整合,往往会使企业的整合营销陷入一片混乱。对于大型企业、跨国企业尤其重要,因为大型企业,跨国企业开展的是跨地区、跨国界和跨业务的经营活动,要使这些经营活动有条不紊,达到预期的目标,必须要有统一的工作程序和标准。如果这些企业在生产、物流、营销、传播等方面没有程序化和标准化,就很难取得整合营销的成功。现代企业在整合营销传播中最有效的方法就是拥有上下左右、四面八方的程序化和标准化沟通渠道。

传播的程序化和标准化必须以传播的目标为指向,以传播的效益为核心,以企业人员与企业目标消费公众信息互动为平台。程序化和标准化的较好方法是制作一个整合营销的工作流程图,规范好整合营销的每一步,做什么、怎么做、什么时间做、达到什么要求、如何检查和评估等,在这个流程图中一目了然。

为了建立一个比较完善的整合营销传播标准化和程序化的平台,企业有必要对现有的传播程序和标准进行调查分析和评估。在继承、发扬、创新的思想指导下,更新原来的传播程序和标准,必须要搞清楚:

(1)什么是传播的最大障碍。

(2)本企业的整合营销需要的是什么样的传播创新。

以上第一点是发现过去传播模式中的问题,并加以改进和完善;以上第二点是对新的传播模式的要求。发现问题,解决问题,明确新的要求、新的任务,这些都为整合营销的成功奠定了基础。

二、一切以消费者的需求为导向

整合营销始于消费者,终于消费者,一切以消费者的需求为导向。现代企业必须要清楚消费者想说什么、想要什么、要做什么,他们的兴趣何在,这些信息对于企业来说是最最重要的,因为,企业只能根据消费者的需求去设计产品、生产产品、传播产品信息和销售产品。整合营销要求现代企业将消费者的需求放在企业经营的中心位置上。这种方法一反传统的营销,传统的营销是企业有什么产品、产品销售给谁、信息应以何种形式到达什么地方等,这种传统的营销传播模式实际上就是由内向外的传播模式,它是以企业为中心的传播。而始于消费者,终于消费者需求的整合营销是一种由外向内,再由内向外的传播,是一种以消费者为中心的营销。[①]

三、全面认识消费者和潜在消费者的价值

消费者和潜在消费者是创造现代企业价值的基础,也是现代企业取

---

① 吴友富,陈霓.整合营销[M].上海:上海外语教育出版社,2006.

得营销成功的基础，所以，客观地认识消费者和潜在消费者的想法，探索寻找他们的途径，以及对他们进行价值的评估，这些在整合营销中都是必需的。通常，企业对消费者的评估是基于他们过去给企业带来的实际收益，以及他们未来的消费潜力。企业评估潜在消费者的依据是：他们在未来的一定时间内能给企业带来多少收益，就此而言，消费者和潜在消费者是企业的一笔巨大的无形资产。在整合营销中，企业的任务是要经营好、统筹协调好这些资产，通过各种传播和沟通的途径，使这些消费群体能够给企业带来最大化的社会效益和经济效益。毫无疑问，现代企业在进行整合营销时，要将企业的资源适当地向这部分市场目标群体集中，达到资源最优化的配置，目的是在维持现有的收入流的基础上，再增加新的收入流。简而言之，企业在整合营销时，必须要将传播资源投放于那些最有可能作出最大支付的消费者和潜在消费者的身上。为了达到投资的最小化和收益的最大化的结果，现代企业必须要对消费者和潜在消费者进行客观、全面地评估，如果企业不能对他们进行客观、全面地评估，企业就无法预期传播投入可能会带来的回报，不言而喻，对消费者和潜在消费者价值的评估越仔细、越精确，传播投资的风险就会越小。对消费者和潜在消费者分析评估的精确程度取决于现代企业运用信息技术的能力。

四、寻找整合传播的切入口

寻找整合营销传播的切入点对整合营销的成功十分重要。在市场竞争十分激烈、市场空间十分有限的情况下，以何种方式，何种途径去接触消费者和潜在消费者具有一定的现实意义。

事实告诉企业，企业想怎么去接触消费者和潜在消费者不是最重要，最重要的是消费者喜欢企业用什么样的方法和途径去接触他们、联系他们。整合营销传播的切入点应该放在企业目标消费群体所喜、所欲、所为的方法和途径上。当今市场，消费者与产品和服务会相互影响，消费者与有关企业也会相互影响。这种相互影响的渠道和方法是各式各样的，但在某一点上有可能成为传播的切入口。如有些消费者喜欢倾听企业客户的介绍，那么企业就应以忠诚客户的介绍作为传播的切入点，然后再进行全方面的整合传播；再如有些消费者是品牌的崇尚者，那么企业就要以品牌宣传作为传播的切入点,以此展开整合营销传播。

五、建立交互的信息反馈系统

传统营销一般是由企业或传播机构拟定宣传主题,根据宣传主题制作宣传材料,然后制定传播方案和实施传播方案。这种传统的营销传播模式也会注意消费者和潜在消费者的信息需求。但在大多数情况下,传统营销传播模式的消费者只是被动地接受信息,很少有主动反馈,而企业的营销人员在听取消费者反馈意见方面也是非常有限的,换句话说,反馈的渠道不是十分畅通的。显然,这种单向的传播模式很难适应整合营销的需求。21世纪,随着市场的拓展,现代企业必须要建立双向交互式的营销传播模式,能随时随地与企业的主要消费群体进行实时、实地的交流沟通。这种交互式的传播不是一个方面的,而是一整个传播系统。

六、重视投入与产出的关系

整合营销要求企业要将传播投入作为一种实实在在的投资行为,要将传播投入与营销业绩结合起来,以营销的业绩作为财务支出的回报。在整合营销中,要按花在消费者身上的传播投资与营销收益作为评估的基础。尽管衡量营销传播投资收益很难,主要难点集中在营销目标设定的精确性上,目标精确性越高,评估的精确性也就越高,反之亦然。但即使困难再大,传播的投入与产出的研究和评估也必须进行,而且必须竭尽全力进行。

七、进行差异化的传播

传统的市场营销是以4P(或有些专家称为6P的)市场组合去应付市场的变化。在传统的营销模式中,企业的主要任务是控制4P中的各个要素,以形成最佳的市场组合。这是一种以企业为中心的营销理念,它应对的是相对稳定、相对统一的市场。

然而,在21世纪,市场的发展日新月异,社会需求的变化层出不穷。

面对多变的市场、多变的消费需求、复合的渠道、复合的媒介,现代企业必须针对不同的消费群体采取差异化的传播。因此,企业在进行整合营销时,首先要认清企业所处的市场环境,要根据市场的实际制定有针对性的传播方案;其次要认清特定市场、特定消费者的各方面情况,要根据这些情况制定传播目标,实施传播方案;再次要认清特定市场有关媒介的情况,以及这些媒介对目标消费群体的影响力,要根据这些媒介实际情况,选择恰当的传播渠道;最后要认清特定市场的主流意识,以及企业目标消费群体的文化价值认同,要根据这些情况选择赞助项目和开展公共关系活动,重视体育的可以开展体育营销,重视教育的可以实施教育培训项目等。①

差异化传播的差异点的确定来源于市场,它包括复合市场、复合客户、复合渠道、复合媒介等差异。具体地说它包括:语言、文化、习俗、目标消费群体的购买行为、教育程度、媒体性质等。在今天的社会里,将消费者看成是同质的,以相同的兴趣购买相同的产品,适合相同的文化的思维方法,对企业的整合营销是绝对有害的。只有差异化的思维才能使现代企业在进行整合营销传播时更能适应市场,适应消费者。

八、建立矩形结构的企业领导体制

矩形是数学上的概念,即长方形,用于管理结构又称之谓横向领导结构。矩形的领导结构打破了传统的纵向的组织结构,将权力的使用"由垂直变成水平"。这种矩形的领导结构能够适应企业的整合营销,一是因为它冲破了传统的领导模式,即一个员工只有一个部门领导,一个部门只有一个领导实施指挥。

矩形领导结构是将纵向和横向结合起来的营销体制。它的特点是在不打破现有的管理秩序情况下,实施横向领导,这样就提高了管理的效益。这种组织结构适应跨部门、跨业务、跨市场、跨文化的营销传播,而建立在纵向基础上的科室、部门、单位是很难做到真正意义上的结合。同时这种组织结构可以充分调动各个部门、各个市场、各级人员的积极性,可以将一个企业的人、财、物有效地聚结起来,为实施以消费者为导

---

① 吴友富,陈霓.整合营销[M].上海:上海外语教育出版社,2006.

向整合营销作出共同的努力。

整合营销在信息传播上必须是"洒脱自如,毫不费力",营销的信息能迅速跨越世界、跨越区域、跨越市场、跨越文化,这就意味着传播必须穿越、围绕企业的目标消费群体进行传播。只有矩形的营销管理模式能适应这种传播,也只有这种营销管理模式才能将企业的一切营销活动、营销要素的目标指向企业的目标消费群体。

第四节　整合营销战略规划

整合营销传播既是一种战略观念也是一种执行过程。它运用一种全方位的整合方式来考虑营销传播需求,并以单一取向的手法来呈现一个企业、品牌或服务。因此,系统化成为整合营销传播管理的一项重要任务。

本节集中论述了整合营销传播的工作流程和整合营销传播战略规划,涉及整合营销传播的实施原则、组织构架及基本的策略规划步骤,并重点阐述了整合营销传播的战略目标定位和系统化战术管理。整合营销传播战略开发的基本步骤作为一种计划过程,可以普遍地适用于各种类型的传播对象,包括顾客、企业和品牌、不同类型的公司各种服务提供者和制造商以及非营利性的组织机构。

一、战略开发的基础:SWOT 分析与市场细分

市场营销战略的制定是一个事关企业全局的过程,同时也是一个复杂的过程,企业不能"拍脑袋"随意决策,而要借助于一定的方式方法,尽可能地作出科学的决策与选择,重点学习 SWOT 分析,了解和掌握基本营销战略分析技术的思路与方法。

(一)SWOT 分析

SWOT 分析法是一种营销战略分析工具。SWOT 分析法通过对企业内部条件和外部环境的系统评估,将企业内部条件的优势(strengths)与劣势(weaknesses),外部环境的机会(opportunities)与威胁(threats)

同列在一张十字图形表中加以对照,既一目了然,又可以从内外环境条件的相互联系中作出更深入的分析评价,从而科学制定企业营销战略与策略。

根据企业内部优势劣势分析、外部机会与威胁分析,可以提炼出若干项企业优势和劣势、若干项外部机会和威胁。需要说明的是,优势和劣势、机会和威胁的数量并不一定相同,对于有些企业来说,可能优势多于劣势,对于另外一些企业来说,可能劣势多于优势。甚至还有可能存在缺项,比如外部环境并没有带来特别利好的机会,或者并没有带来严重性的威胁。对于大型企业或者多元化企业来说,不同营销业务单元的优势劣势不同,外部带来的机会与威胁也可能不同,因此不可单一选择某一项战略,而是必须同时选择和实施两种以上的战略,或者针对不同的营销业务单元分别选择和实施不同的战略。将提炼出来的若干优势和劣势、机会与威胁放入 SWOT 分析矩阵里,可以归纳出 4 种可供选择的战略:SO 战略(优势机会战略)、ST 战略(优势威胁战略)、WO 战略(劣势机会战略)和 WT 战略(劣势威胁战略)。

1. SO 战略(优势机会战略)

SO 战略是利用企业或组织的内部优势抢抓外部机会,这是最优的发展战略选择。所有的企业或组织都希望自己能运用内部优势来抓住外部机会。比如具有劳动力资源和成本优势的国家和地区积极发展国际和国内产品市场需求旺盛的劳动密集型产业,具有科技教育与核心技术开发优势的国家和地区积极发展高科技产业等等。

2. ST 战略(优势威胁战略)

ST 战略是利用企业或组织的优势来规避或者减少外部威胁的冲击,这是一种次优的战略选择。当外部没有良好机会而偏偏遇到了不可改变的威胁时,必须采取这种战略。例如,在应对 2008 年爆发的国际金融危机中,中国政府利用国内市场庞大的自身优势,利用中国政府决策速度快、执行力强的体制优势,通过扩大内需和基本建设投资,成功抗击了国际金融危机的冲击和国际市场下滑的威胁。

3. WO 战略(劣势机会战略)

WO 战略的意图在于利用外部机会来改变内部劣势,这也是一种次优的生存战略选择。有时关键的外部机会是存在的,但是企业或组织的内部劣势妨碍了它去利用这种机会,这时就需要采用补短板战略,利用良好的机会整改劣势,完善和提升自身能力,扭转不利竞争态势。

4. WT 战略(劣势威胁战略)

WT 战略则是一种防御性的战略,通过克服劣势降低威胁,以规避外部威胁和内部劣势带来的不利影响,这是一种最糟糕的内外交困情况下的战略选择,也是一种无可奈何下的背水一战以置之死地而后生的战略选择。

总体而言,SO 战略是最容易实施的战略,是最容易取得最好结果的战略,所以是最应该重点把握和优先选择的发展战略。ST 战略和WO 战略,相对来说比较容易实施,也较容易取得较好的结果,如果没有SO 战略可选,这是可以选择的两种战略。WT 战略是最难执行的战略,也最不容易取得良好效果,在有其他策略可选的情况下,应该回避这种战略选择。但是如果没有其他战略可选,WT 战略还是必须选择的战略,虽然这样成功逆袭的概率不高,但也还是有可能的,至少能够抑制情况的恶化或控制事态的进一步升级,因而在确实不得不选择的时候还是有意义的。

(二)市场细分达成市场区隔并限定目标市场

对市场目标而言,与 SWOT 分析相协调的另一种方法是市场细分。市场营销环境由微观环境和宏观环境构成。由于影响市场的因素很多,所以市场调查的范围也很广泛。凡是直接或间接影响市场营销的情报资料,都要广泛收集和研究,以便采取相应的策略,大致分为以下几个方面。

一切组织和个人均处在宏观环境中,亦不可避免地受到其影响和制约,因此,需要分析宏观环境的现状及发展趋势,从而采取相应决策,主要包括政治法律环境、经济环境、社会文化环境、技术环境、人口环境、自然环境。

1. 政治法律环境

政治法律环境(Political)是影响企业营销的重要宏观环境因素,政治环境引导着企业营销活动的方向,法律环境则为企业规定经营活动的行为准则,政治与法律相互联系,共同对企业的市场营销活动产生影响和发挥作用。政治法律环境主要调研国家的政治主张、政治形势以及变化情况,掌握国家关于国家关于产业发展、财政、金融、税收等方面的政策方针、法律法规,调查和分析在这些市场政策法令影响下市场的变化情况。人民安居乐业,市场需要增长,也为企业发展创造了机会。政治形势是企业确定发展规模、发展速度的重要依据,也是企业能否引进外资的重要条件。政治环境的好坏影响着宏观经济形势,从而也影响着企业的生产经营活动。

2. 经济环境

经济环境(Economic)由各种影响消费者购买能力和支出模式的因素构成,经济环境调查主要包括各种重要经济指标的调查,例如国内生产总值、经济增长率、通货膨胀率、就业率、消费者收入水平、消费者储蓄水平、消费结构与消费者支出模式以及物价水平等,这些主要经济变量的变化会对市场产生重大影响。市场营销者必须密切关注经济发展态势,及时调整企业战略,适应经济的发展。

3. 社会文化环境

社会文化环境(Social)是某一特定人类社会在其长期发展历史过程中形成的,它主要由特定的价值观念、行为方式、伦理道德规范、审美观念、宗教信仰及风俗习惯等内容构成,它影响和制约着人们的消费观念、需求欲望及特点、购买行为和生活方式。任何企业都处于一定的社会文化环境中,企业营销活动必然受到所在社会文化环境的影响和制约,为此,企业应了解和分析社会文化环境,针对不同的文化环境制定不同的营销策略,组织不同的营销活动。

企业营销人员综合分析研究社会文化环境对人们生活方式的影响,便于了解不同顾客的购买行为,以正确细分市场和选择目标市场,制定企业的市场营销策略。

4. 技术环境

技术环境(Technology)是指一个国家和地区的技术水平、技术政策、新产品开发能力以及技术发展动向等。技术对企业经营的影响是多方面的,企业的技术进步将使社会对企业的产品或服务的需求发生变化,从而给企业提供有利的发展机会。如今互联网与人工智能的迅速发展带动了很多新生的产业,也改变了消费者很多消费习惯。市场营销者应该密切关注技术环境,不能紧跟技术进步步伐的公司很快就会被市场所淘汰。

5. 人口环境

人口环境(Population)与人相关,市场是由人口构成的,因此需要对人口的规模、密度、年龄、性别、民族、家庭类型、受教育程度等方面进行调研。如中国的 80 后、90 后等,不同年龄结构的人有不同的生活背景,也导致了不同时代的人不同的特点;性别的不同也导致了不同的市场需求,市场营销者需要考虑不同的消费群体的需求以及男女消费习惯的差异;民族的不同,生活习惯的不同,也存在着不同的市场需求等。

6. 自然环境

自然环境(Natural)指市场营销者需要投入的或受到市场营销活动影响的物质环境和自然资源。环境是人类赖以生存的基础,随着人类社会的进步,生产力发展,人类适应环境的能力比过去大大增加,如今,人们越来越关注环境保护问题,市场营销者应该意识到自然环境中的主要趋势,原材料的短缺,污染的不断增加,政府对环境保护的日益关注。企业应该推出,更加环保的产品以应对消费者需求,承担更多的社会责任,建立良好的生态环境与健康的经济发展。

二、制定营销传播的目标

目标市场的界定为传播目标确定了前提。五个主要目标支撑着整合营销传播的理论和实践,这五个目标分别是:

(一)影响行为

整合营销的目的是影响沟通受众的行为。这意味着营销沟通所做的不只是增强品牌认知或改善消费者对品牌的态度,成功的整合营销要求沟通行为必须力图鼓励某种行为反应。换句话说,整合营销的目的是促使人们采取行动。例如,麦当劳可能希望每一个特别的汉堡促销活动都被顾客所知道,但是他们真正希望的是顾客去购买汉堡。在这一点上必须小心谨慎,以免产生误解。一个整合营销计划成功与否,最终要看它是否影响了人们的行为,但指望每次沟通活动都能导致行动就是简单化和一厢情愿的想法。在消费者购买一个新品牌之前,营销者一般都需要使他们了解这个品牌及其能够带来的利益,并引导他们对这个品牌产生正面的态度。旨在达到这些中间目标,或"前行动"目标的沟通行为是完全合理的。但是最终(而且越快越好),一个成功的营销沟通计划不能只是鼓励消费者喜爱一个品牌,或仅仅让他们知道有这么个品牌。这也部分地说明了为什么促销和直接广告如此盛行——这两种办法都比其他营销沟通形式见效更快。

(二)从现有或潜在的客户出发

整合营销的第二个重要特征是从现有或潜在的客户出发,再反馈到品牌沟通整合营销者,以便他们选择开展劝说性沟通活动的最恰当、最有效的方法,然后再着手制定能够进行有效沟通的最合适、有效的方案。在接触方法和沟通渠道的选择上,整合营销杜绝了"由内而外",即由公司到客户的方式,而是从客户出发,"由外而内"地选择最能够满足客户对信息的需要,并促使他们购买有关品牌的沟通方法。以下有关运用一切适合受众的接触方式正是"客户至上"的自然引申。

(三)运用一切接触方式

整合营销运用一切沟通方式和一切有关品牌或公司的接触来源作为潜在的讯息传递渠道。接触这个词在这里是指任何能够接触到目标客户,并传达有关品牌的正面形象的讯息传递媒体。关键就在于它愿意运用有利于触及目标受众的任何沟通途径,而不是先入为主地固守一种或一类媒体。

整合营销的第三个特征是它反映了一种意愿,即使用最适合与目标受众进行沟通的沟通方式,而不要预先设定一种或几种媒介。因此,直接邮寄广告、体育活动和娱乐节目上的促销、其他商品包装上的广告、标语和T恤衫、店内展示和互联网页面都是与当前和潜在客户沟通的重要手段。

　　整合营销的这一特征（运用任何恰当的接触方式）的主要价值在于，它对美国以前大多数营销活动过度依赖大众媒体的状态提出了挑战。与美国相比，欧洲的许多品牌经营者已经得出结论：传统的大众媒体广告往往花费巨大而收效却不明显。许多欧洲经营者长期运用广告以外的其他接触方式来建立品牌认知，改善品牌形象。

（四）获取协同优势

　　协力作用是整合营销定义的固有含义，一切沟通要素（广告、购买现场、促销、活动等）都必须"用一个声音说话"。要想建立有力和统一的品牌形象并促使消费者采取行动，协调是无比重要的。如果不能严密协调所有的沟通要素，就会导致事倍功半的后果，甚至会使消费者得到相互矛盾的品牌讯息。

　　整合营销的定义蕴含着协同需要。所有的沟通方法（广告、购买指南、促销、竞赛活动等等）都必须用一个声音说话；对于创造种种强势、统一的品牌形象和促使客户采取行动，协调都十分关键。

　　一般说来，整合营销赖以存在的"一个声音"或协同优势原则要求为品牌选择一个特定的定位陈述。定位陈述是概括一个品牌意欲在其目标市场心目中占据何种地位的关键声明。像奥利奥营销副总裁那样真正的整合营销实践者知道，每当他们的品牌与目标受众发生接触时，他们都必须持续不断地传达自己的讯息，即定位陈述。

（五）建立关系

　　整合营销的第五个特征是：它相信成功的营销沟通要求在品牌和消费者之间建立一种关系。这种关系是品牌与其客户之间的持久联系，它能导致重复购买甚至是品牌忠诚。可以说事实上建立关系是现代营销学的关键，而整合营销是建立关系的关键。公司已经认识到，建立和保持关系比不断寻找新客户更有利可图。这也是"常旅客"以及其他冠以"经常""忠诚"或"大使"等字眼的推广计划大行其道的原因。

三、信息策略与传播组合

　　在利用SWOT的关键结论确定了目标之后，零基计划的下一步就是要考虑如何达到目标,即我们所说的策略。零基计划的一个突出特点,就是在选择营销传播功能和媒体形式的时候,抛开以往的惯性而保持中立,即利用 SWOT 分析和由此产生的目标,来决定最佳营销传播组合和媒体组合决策。通常情况下,这种策略开发的内容主要是,选择最相关的营销传播组合以帮助达到目标,发现或者提出好的构思,找到一个最佳的媒体组合。

整合营销组合如何运作?整合营销成功的关键是协调运用各种沟通方法。正如 Pickton 和 Broderick 所说,"整体性不容易做到,但一旦做到了,整合市场营销沟通的四个 E(Economical、Efficient、Effective、Enhancing)和四个 C(Coherence、Consistence、Continuity、Complementary communications)就将拥有整体的协调优势。"

当下的营销环境,除了传统的电视媒体之外,数以千计的新媒体使得促销变得更杂,大众市场逐渐瓦解,更多选择性细分市场和细分市场营销活动日益增长。相比广告,厂商更愿意选择能够迅速创造销售回报的或者更易估算的促销方式。在这种情况之下,企业不得不选择将各种促销方式结合起来的方案,即开展整合营销。整合营销是指各项促销活动之间谨慎协调的工作方式,其整个方案中包括了媒体广告、直复营销、互动营销、公共关系、人员销售、销售促进及其他形式的沟通,目的是针对消费者制定一致的、统一的信息。

(一)从客户出发的整合营销:定向、沟通和劝说

面对不断变化的市场,营销沟通活动比从前复杂得多,在很大程度上是因为社会在人口结构和生活方式上发生了不小的变化。确定消费者群体和微观市场营销使得营销沟通者可以更准确地传达讯息,防止对目标市场外的人们进行无效的讯息覆盖。

有意义的和能够盈利的市场细分行为,一般要求细分市场的成员具有相似的人口统计和生活方式上的特征。因此,目标细分市场的选择是实施有效和经济的营销沟通的关键的第一步。

近年来营销沟通者运用有关消费者的活动、兴趣和意见的知识,来更好地理解人们的需要,以及人们对广告、直接邮购和其他营销沟通方式的反应,从而确定目标受众。这种定向法被称为心理人口统计法。有许多心理细分的研究是根据营销者的产品类别和品牌专门进行的,根据

人们的自我导向水平和拥有的资源多少，将其归入八种类别：实现者、执行者、相信者、成就者、奋斗者、体验者、制造者和挣扎者。

（二）整合营销组合促进产品销售

促进采纳新产品的第一步是使消费者意识到这种产品的存在。有四种因素对认知阶段产生影响，它们是免费试用、兑换券、广告和分销。前三种因素毫无疑问地属于营销沟通范畴；第四种因素——分销也与营销沟通密切相关，因为销售人员也负责获取分销渠道，为零售商提供支持和准备购买现场材料。新产品的成功推出一般要求有效的广告和由购买现场材料支持的广泛的分销渠道，推出价格不高的包装消费品时还需要大量的兑换券和免费试用品。

消费者认识了一种新产品或品牌，他们实际试用这种新提供物的可能性就会增加。兑换券、分销和价格是对试用阶段产生影响的因素。反复阶段所表示的多次购买，是由广告、价格、分销和产品满意度这四种因素决定的，也就是说，如果广告使消费者想起某个品牌，如果这种产品的价格被消费者认为是合理的，如果在零售网点买得到这种产品，而且如果产品质量使人满意，消费者就更有可能继续购买这种品牌。

营销沟通对五种与创新有关的特点产生重大影响，而这五种特点从根本上决定了消费者对新产品的态度以及采纳创新产品的可能性。它们是：相对优越性、适合性、复杂性、可试用性、可观察性。

相对优越性取决于产品本身固有的特点，但是劝说性的沟通也可以对它产生影响。例如，顺丰快递这样的特快包裹专递公司与常规邮寄相比具有相对优越性，但是必须通过广告来强调这种真实的优越性，以使潜在客户充分认识使用特快专递的优越性。广告还可以用来否定竞争品牌的营销者所声称的相对优越性。

一项创新被认为适合一个人的行为方式的程度称为适合性。如果一种新产品符合消费者的需要、个人价值观、信念和过去的经历，它的适合性就较高。适合性越高，新产品的采纳就越快。适合一个人现有条件的创新风险较小、更有意义，也更容易融入这个人的消费习惯中去。营销沟通者对保证产品在消费者心目中的适合性负有主要责任，他们需要选择适当的广告诉求，确保产品获得适合目标市场的信念、过去的经历和需要的定位。

复杂性指的是一种创新在人们心目中的使用难度。一种创新越是难以理解或运用,它的采纳就越慢。人们对家庭电脑的采纳很慢,因为许多人认为电脑理解和使用起来很难。广告主对付这个难题的方法是以微妙的电视广告传达这样的讯息:学习用电脑很容易,连小孩都会。电脑制造商还重新设计了产品,使他们的新电脑用起来更简单。

一般说来,可试用性较强的产品被采纳的速度也较快。新车试驾、在当地超市免费品尝食品样品、新型洗涤剂的小包装都允许消费者以试验的方式试用一种新产品,试用得出的经验可以降低消费者在通过购买而永久采用一种产品之后对此产品产生不满的风险。

可观察性指的是产品使用者或其他人观察到新产品应用的正面效果的容易程度。一种消费行为越容易被感知,就说它越是可见的。一般说来,可见性高的创新如果也具有相对优越性,并适合消费者的生活方式,就容易被迅速采纳。

与强调单个消费者的采纳过程相比,扩散过程关注范围更宽的问题:一种创新是如何在整个市场中得到传递和采纳的(宏观观点)。简而言之,扩散就是散布出去的过程。从营销沟通的意义上说,扩散就是一种新产品随着时间推移而被越来越多的客户采纳的过程。在理想状态下,产品创新应散布到潜在市场的各个角落;在现实状态下,一种创新在市场中的传播往往遭到不恰当的沟通渠道、竞争对手的动作以及其他不够完美的因素的阻碍。

(三)广告管理

广告虽然只是市场营销人员可以使用的促销活动"工具箱"中的一个工具,但它却是最显眼的工具,因为它能够利用印刷、电视、广播、电影和户外招贴等各种主要媒介。商品和服务促销的出现是由于商品和服务的大规模生产,以及供给大于需求的现实。企业认识到广告和推销能够帮助他们把商品从商铺的橱窗里和公司的货架上卖出去。

起初主要的广告媒介是印刷品,这帮助报纸和杂志降低了成本。逐渐地其他媒体也出现了,包括海报和电影。在 20 世纪 50 年代和 60 年代的英国,商业广播和电视台也从广告中获得了收益。

当前,全球范围内媒体的激增意味着人们要接触大量的广告讯息。由此广告不得不变得越来越复杂以吸引人们的注意力,不加选择地登载在杂志或报纸上的,缺乏精心设计的广告不可能获得客户的注意。今天,在决定采取什么促销活动和方法之前,需要认真考虑目标和沟通的对象。

整合营销组合可以分为线上和线下两类。组织机构常常混合使用线上和线下的方法与客户沟通。线上促销活动是一个已经有点过时的表述,它指的是一种由广告商向媒体支付委托播放费用的广告形式,由于预订广告的规则和方法以及整个报酬支付的领域都发生了改变,这个词现在用来代指电视、广播、电影、户外招贴和印刷媒体等主流广告媒体。一般说来,任何不包括在上述五种主要媒体中的促销活动都属于线下促销。

一个完成的广告是各个参与者共同协作的成果。在整个广告过程中共有四组参与者:(1)做广告的公司或其他组织;(2)广告公司,它们负责为客户创作和提供广告;(3)广告制作公司,即为广告完成照相、摄制和其他制作工作的独立公司;(4)广告媒体,包括报纸、电视等。广告业包括上述一系列组织的共同协作。有关广告管理过程由广告战略、战略实施,以及对广告效果的评估组成。

广告战略涉及四种主要活动:制定目标、制定预算、创作广告讯息、选择广告媒体和载体。

战略的实施涉及日常的战术行动,这些行动对进行一场广告活动是十分必要的。例如,决定着重使用电视而非其他媒体是一种战略选择,而选择播放广告的节目类型和时间就是战术实施问题了;同样,决定着重宣传某个特定的产品利益是讯息战略问题,而怎样实际传递这种讯息则是创意实施问题。

对效果的评估是广告管理的一个十分重要的方面,因为只有通过效果评估才能判断广告是否达到了预期目标。这往往要求在广告活动开始之前采取一些参照措施,之后才能判断广告目标是否达成。

(四)促销管理

促销指的是制造商用以诱使商家(批发商和零售商)和消费者购买一个品牌的产品,以及鼓励销售人员积极销售这种产品的激励措施。零售商也采用促销激励手段,促使消费者采取他们希望看到的行为,这种激励手段是对品牌的基本利益的补充,并在短时间内改变了这种产品在消费者心目中的价格或价值。促销有三种对象：商家（批发商和零售商）、消费者和公司的销售人员。

营销沟通由广告向促销转移，是从"拉动"营销向"推动"营销转变的一部分，在包装消费品市场中更是如此。这种转移的内在原因包括制造商与零售商之间势力均衡的变化、品牌均一性和价格敏感度的增加、品牌忠诚度的下降、大规模市场的分化和媒体效果的下降、公司对短期成果的强调，以及消费者对促销的响应。

一系列原因造成了开支分配从广告向商业导向型促销的转移。拉动和推动是对制造商促销活动的形象比喻，制造商通过这种活动来鼓励商业渠道成员（即商家）经销自己的产品。推动指的是由于制造商对批发商和零售商采取人员销售、商业广告和商业导向型促销而产生的一种向前的动力；而拉动则指的是消费者对零售商的拖曳作用，这种拉动或拖曳作用，是制造商针对消费者的成功广告和营销活动的结果。应该注意的是，拉动战略和推动战略并不是互相排斥的，两种战略可以同时使用，制造商可以同时向消费者促销（产生拉力）和向商家促销（产生推力），问题不是应当运用哪一种战略，而是应当强调哪一种战略。有效的营销涉及两种力量的结合：对商家施加推力，从消费者那里获取拉力。

一般说来，广告着眼于长期，适于改善购买者的态度和增加品牌资本；相对而言，促销更加着眼于短期，而且能够影响行为而不仅仅是态度或意图。事实上，学术界使用的"促销"这一术语，准确地把握了这种短期的、以影响行为为出发点的倾向，因为促销顾名思义就是以"促进"销售为目的。促销的特点是必须在今天采取行动，能够影响人们的行为，因为它向购买者提供了更多的短期利益。

促销非常适于促成尝试性购买、推动新产品的推出、为一种品牌赢得货架空间、鼓励多次购买等任务。如果市场由对促销不敏感的消费者或囤积型忠诚者组成的，一种品牌的优惠促销无利可图；如果市场由只在促销时才购买的消费者组成，那么优惠促销就总是有利可图；如果市场主要由根据促销情况变换购买品牌的消费者组成，那么优惠促销有可能盈利。

（五）公共关系、赞助营销和人员销售

公共关系（公关）包含许多种活动和行为，其目的都在于培育公司与

公众（客户、员工、股东、政府等等）之间的和谐关系。一般公关处理的是经营中的一般问题（如与股东、员工之间的关系），而营销导向型公关与一般公关存在显著的差别。

营销公关包括主动营销公关和被动营销公关。主动营销公关是广告、人员销售和促销之外的又一种推广公司产品和品牌的手段，指导这种公关活动的是公司的营销目标，主动营销公关更多的是寻找机会而不是解决问题。而被动营销公关是对外界压力的反应，它处理的一般是对公司造成负面影响的外界变化，被动营销公关经常用于处理负面新闻报道和谣言。

赞助是指为了达到各种公司目标而对活动或事业进行的投资。活动营销是营销沟通中增长十分迅速的一个方面。尽管与广告等其他主要促销手段相比，活动赞助的规模还比较小，1998 年美国企业的活动赞助总开支也超过了 60 亿美元。活动营销是一种品牌推广方式，它把一个品牌与一种有意义的体育、娱乐、文化、社会和其他引起公众关注的活动联系起来。活动营销增长迅速的原因是：它为公司提供了拥挤不堪的大众媒体之外的另一种选择手段，使公司得以通过地方性的活动，接触到各个地域和各种生活方式的消费者群体。

事业关联型营销是赞助活动中相对较小的一部分。事业关联型营销的显著特征是：一个公司对某项特定事业的捐助，是与消费者和公司之间产生的收益交换相联系的。事业关联型营销在帮助有益的事业的同时，也为公司利益服务。

研究显示，消费者对与事业有关的营销活动抱肯定态度。根据1999 年度《科恩/罗珀事业关联型营销报告》，83％的美国人对支持自己喜爱的事业的公司持肯定态度，而且 77％的消费者希望公司能够长期支持某项事业，而不是在短期促销活动中向几项事业提供捐助。但是，另一项调查中有半数消费者对事业关联型营销持否定态度，这在很大程度上反映了消费者怀疑赞助商的自利动机。

关键是契合，公司应该如何决定支持哪项事业？值得支持的事业有许多，但适合某个品牌及其目标受众的只会有一小部分。选择恰当的事业的关键是找到与品牌的属性、利益、形象相符，并且与目标市场的利益相关的事业。

第五节　整合营销实战案例

　　由于整合营销传播理念引入我国已经有十多年的时间,这一先进的营销理念被迅速地运用到我国各行各业中,并且在各领域均取得了巨大的成就,不断为人们创造着惊喜和奇迹。整合营销传播理念在中国的实践证明,它的确是目前最先进、有效的营销理念,甚至能够帮助一个企业起死回生,化腐朽为神奇。这些成功实施的案例,对于企业如何实施整合营销传播有着非常重要的参考价值和借鉴意义。同时,在诸多领域纷纷使用整合营销传播的实施中,有一些企业非但没有取得成功,反而遭遇到了致命的打击,甚至由此一蹶不振,直至企业倒闭。分析这些失败的实施案例,可以帮助企业在实施整合营销传播过程中更清醒地认识到,如何将先进、有效的整合营销传播理念和中国国情、中国特色、中国现实结合起来,如何正确有效地理解整合营销传播理念并且能够成功实施。

　　整合营销传播成功实施的案例非常多。作为 21 世纪最先进有效的整合营销传播理念,确实在我国诸多的行业领域做出了重大的贡献,比如,汽车业、家用电器业、医疗单位、旅游业、服务行业、文化产业等。

一、成功案例之——加钙金锣王

　　这一案例得以成功实施,不得不提到我国著名的战略品牌管理专家,上海交通大学高层管理人员工商管理硕士,在营销传播领域颇负盛名,拥有众多客户和创造成功案例的刘登义。

　　刘登义的专长领域在于:战略品牌管理、品牌资产管理、品牌驱动战略、整合营销传播、广告、公共关系、体验营销、品牌全球化、品牌组织与文化构建等。刘登义先生擅长结合中国国情,低成本打造强势品牌的战略和策略规划与实施。

　　刘登义的工作经历非常丰富、所取得的成果也引人瞩目。Brand Leading 泛邦太智品牌咨询总经理、上海市紧缺人才工程品牌总监、项目特约专家、Brand Insight(中国)特聘品牌战略顾问、中国生产力中心策划专家委员会高级专家委员、中国企业文化促进会策划专家委员会高级专家委员、上海市"品牌战略人才"培训工程客座教授、多家特大型企业品牌战略、高级营销战略顾问。刘登义先后在《世界经理人文摘》《中外管理》《销售与市场》《品牌真言》《商界》《中国经营报》《厂长经理日报》《国际广告》《中国广告》《广告导报》等著名营销品牌、广告杂志发表论文100多篇,80多万字。刘登义曾经先后主持或者参与下列著名品牌的品牌战略咨询与整合传播咨询服务,有:中国石油、昆仑润滑油、海信电器、乐百氏果奶与桶装水、夏新手机、蓝剑啤酒、新疆啤酒、蓝牌啤酒、东阿泉啤酒、舍得酒、五粮液、长三角酒、衡水老白干、十八酒坊、夏芝空调、中天建设集团、石尚石英面材、桂林西麦等。

在2001年6~10月,刘登义运用整合营销传播的思想和手段,系统地策划了"加钙金锣王"火腿肠新品上市的推广活动,在竞争激烈的火腿肠市场中,打响了一场声势浩大的市场攻坚战。事后刘登义在中国营销传播网上刊登了文章《整合营销显威力——"加钙金锣王"火腿肠新品上市推广记》,以下遵循刘先生的思路,从六个方面学习这一成功案例①:实施背景;产品策略;广告传播;促销策略;终端营销推广;效果评估。

纵观我国火腿肠市场,大概经历了三个阶段:市场导入阶段(1986—1990)、群雄竞起阶段(1990—1995年)、诸侯争霸阶段(1996年至今)。1986年,河南春都集团引进我国历史上第一条结扎生产线,从此西式肉制品在我国开始了如火如荼的发展历程。在这个阶段,火腿肠市场处于开发期,春都"会跳舞的火腿肠"响彻大江南北、独霸天下。接下来进入了群雄竞起阶段:20世纪90年代前期,同处河南的"双汇""郑荣"看到"春都"上马火腿肠的红火景象,纷纷加入火腿肠市场,形成"春都""双汇""郑荣"三足鼎立,"豫肠"独霸全国火腿肠市场的局面。相信大家一定还对当时葛优、吕丽萍和冯巩联手演出的双汇火腿肠的广告记忆犹新吧,那时正值电视剧《编辑部的故事》热播,每天晚饭后,观众都会齐聚坐在电视机前等待电视剧的播放,对剧中人"李东宝(葛优扮演)追求葛玲(吕丽萍扮演)"的情节都早已耳熟能详。就在这个时候,双汇牌火腿肠的广告也因葛优和冯巩的联手演出而家喻户晓。

随着其他品牌的介入与各个品牌之间的竞争,我国的火腿肠市场进入了诸侯争霸阶段。

综上所述,从产品开发构想、产品功能定位、产品命名创意、核心产品三层次、消费群体定位、产品包装定位以及产品价格定位等七个方面,介绍了刘登义先生为金锣王火腿肠实施的整合营销传播产品策略。

从上面的资料中,我们可以看出刘登义先生的大家风范,他对加钙金锣王实施整合营销传播实战案例的运作与分析,对企业进行整合营销传播具有一定的借鉴意义和参考价值。

二、可口可乐与腾讯:奥运火炬在线传递红遍中国

可口可乐与腾讯共同推出的奥运火炬在线传递活动,于 2008 年 2 月 24 日正式启动,至第 29 届奥运会开幕,整个奥运火炬在线传递过程历时 130 天,风靡整个互联网,共动员了 6 209.489 6 万网民参与,占中国网民总数的近 1/4,网络报道多达 1 970 000 篇。可口可乐以"秀我激情,畅爽奥运"为主题的奥运网络拼图活动,汇集网友照片多达 2 825.874 9 万张,有望破世界吉尼斯纪录。QQ 火炬在线传递论坛人数高达 218 万,访问量达 7 256 万次。

从上述这些令人兴奋的数字就能看出,此次可口可乐和腾讯共同推出的奥运火炬的在线传递绝对算得上一次成功的网络整合营销传播活动。北京大学新闻与传播学院的陈增光与西部财会杂志副总编辑梁健理先生,撰文《六千万网民参与的奥运火炬在线传递——绵造网络整合营销传播新典范》,对此次活动进行了深入的分析,值得一读。

(一)借势营销,彰显品牌亲和力

对于普通老百姓来说,在线传递火炬的方式可以帮助自已实现成为奥运火炬传递手的凤愿。可口可乐凭借着我国成功举办奥运会这一契机,大走体育营销、事件营销之路,借奥运圣火传递之势,适时借势营销,并推出在线传递活动,在实现普通人传递奥运火炬梦想的同时,也拉近了可口可乐品牌与普通消费者之间的心理距离,彰显了品牌的亲和力。

奥运火炬的在线传递分为两个阶段:2008 年 3 月 24 日—2008 年 5 月 3 日为第一阶段,奥运圣火在海外和港澳地区传递;2008 年 5 月 4 日—2008 年 8 月 7 日为第二阶段,奥运火炬在大陆开始传递,也给可口可乐

网站的新注册用户更大的重视与支持。全国上下掀起了一场 QQ 的红色火炬风暴,3 个月时间内带动了全国 1/4 网民的参与。

(二)低成本病毒传播,凝聚品牌力量

奥运火炬在线传递也是一次低成本病毒式传播的成功应用。病毒式传播是借助于人际传播的力量,扩散传播开始需要经过一个相对缓慢的导入期,当用户需要积累到一定规模才会实现大规模爆发,形成相当庞大的传播量。

不同于以往的有奖参与活动,此次火炬在线传递并没有通过高额的大奖来刺激网民参与,而是通过将 QQ 的登录页面变成奥运中国红,在 QQ 头像旁燃起一把奥运火炬,为 QQ 秀穿上奥运外衣,把 QQ 空间变成奥运风格等大量免费的虚拟奖品,给所有参与者带来了参与感和归属感,让参与者感觉因为自己能为奥运做些事情而自豪,此活动取得了惊人的传播效果。[①]

(三)全媒体传播,打造品牌传奇

在可口可乐网站上的"秀出你的奥运激情,共创新的世界吉尼斯纪录"的"畅爽拼图"活动,在短短的 3 个月时间汇聚了 2825.8749 万张网友照片,组成了奥运会史上最大规模的拼图。

可口可乐网站之所以有这么大的号召力,在于该网站与国内人气最旺的青年社区结成的照片共享联盟。通过搜狐的"欢欢号"花车博客,可口可乐也实现了一定的网民互动。

三、土豆网的"趣喝美汁源,一笑赢千金"活动

网络营销在国内已经被媒体和企业大量应用,操作手法各异,效果良莠不齐。2010 年 4 月 1 日~6 月 20 日,在业界网络整合营销传播能力一直居于领先地位的土豆网在其成立五周年之际,携手可口可乐公司旗下知名果汁品牌"美汁源",举办了"趣喝美汁源,一笑赢千金"大型娱乐真人秀的选拔大赛活动,成为网络整合营销传播的一个经典案例。

---

① 　沈剑虹. 整合营销传播内涵与典例研究[M]. 大连:大连海事大学出版社,2014.

该活动于 2010 年 4 月 1 日正式启动,被誉为 2010 年夏天最火爆的互联网大型娱乐真人秀活动,该活动向全国网民召集"乐子达人",短短两个月的时间,该活动就取得了惊人的成绩。

(一)趣味的活动主题与内容设置

"趣喝美汁源,一笑赢千金"在活动主题和内容设置上深挖消费者的兴趣点,通过线上线下的联动,竟有超过万名的网友在土豆网上传逗笑视频,共吸引了超过 1 600 万人的关注,平均每天都有超过 15 万人次观看比赛。比赛引起了人们的普遍关注和高度的热情,充分体现出了网络整合营销传播的趣味原则。

(二)互动的参与方式与活动过程

活动一改传统的网民投票方式,而是大胆创新,由网友手中的鼠标全程决定比赛进程,包括选手参赛的选题、选手的排名顺序、1 千克黄金大奖的最终得主等,让网友真正有了一种"我的活动我做主"的互动体验。正如一位收看直播的沈阳网友评论:"太精彩了! 我只要动一动手里的鼠标,就能让远在上海的选手们,演绎我指定的关键词,回答我提的问题。虽然不在现场,但比在现场还刺激呢!"与此同时,凡是参与直播互动的网友,都可以参加现场抽奖赢取千元互动大奖。这种以网友鼠标决定赛程的创意互动方式,充分体现出网络整合营销传播的互动原则。

(三)令人激动的巨额奖金

活动开出了抓人眼球的大奖——1 千克黄金,折合人民币 30 万元左右。巨额的奖金犹如一颗重磅炸弹,激起了网民参与此次营销活动的热情。当然,网络整合营销传播中的利益原则不仅指物质金钱,还包括在活动过程中人们所获取的关于品牌的有用信息、参与活动的成就感等。

(四)个性化的颁奖

2010 年 6 月 6 日,来自四川的"羌族小煞"高票当选"趣喝美汁源,一笑赢千金"的总决赛冠军。一向以阳光形象示人的美汁源品牌代言人陈奕迅,身着果粒装现身总决赛活动现场,充分体现了网络整合营销传播的个性原则。这种个性化的颁奖也让新科冠军"羌族小煞"产生与众不同的满足感,他高兴地在现场分享自己的快乐。根据艾瑞网统计显示,"趣喝美汁源,一笑赢千金"的广告总播放量达到52亿次,总点击量为1.19千万次。

参考文献

[1]唐铮,朱之路,蒋柳.新媒体平台运营实战[M].北京:人民邮电出版社,2021.

[2]刘娜.新媒体营销[M].西安:西安电子科学技术大学出版社,2021.

[3]余来文.营销管理 新媒体、新零售与新营销[M].北京:企业管理出版社,2021.

[4]王辉.新媒体实战营销[M].北京:中译出版社,2020.

[5]康肖琼.新媒体营销[M].北京:机械工业出版社,2020.

[6]唐磊.新媒体营销精华[M].北京:中国水利水电出版社,2020.

[7]秦志强.新媒体营销与运营实战笔记 精准引流与快速变现[M].北京:人民邮电出版社,2020.

[8]林波主.数字新媒体营销[M].北京:中国人民大学出版社,2020.

[9]王丽丽.新媒体营销实务[M].北京:中国人民大学出版社,2020.

[10]胡玲.新媒体营销与管理[M].北京:清华大学出版社,2020.

[11]席大宏.网络直播营销[M].郑州:黄河水利出版社,2020.

[12]IMS天下秀.电子商务新媒体营销[M].北京:清华大学出版社,2020.

[13]刘冰.网络营销策略与方法[M].北京:北京邮电大学出版社,2019.

[14]尹宏伟.直播营销[M].北京:机械工业出版社,2019.

[15]黄益.互联网时代背景下新媒体营销策略研究[M].长春:吉林大学出版社,2019.

[16]吴海涛.短视频营销实战:爆款内容设计＋粉丝运营＋规模化变现[M].北京:化学工业出版社,2019.

[17]林颖.电子商务实战基础:新媒体营销实战[M].北京:北京理工大学出版社,2019.

[18]燕鹏飞.全网营销 用户在哪里,营销就该出现在那里[M].广州:广东人民出版社,2018.

[19]王易.微信营销与运营全能一本通:视频指导版[M].北京:人民邮电出版社,2018.

[20]骏君.流量营销[M].广州:广东旅游出版社,2018.

[21]陈彦宏.微视频运营与营销:低成本获取海量用户的营销新玩法[M].北京:中国经济出版社,2018.

[22]吉峰,牟宇鹏.新媒体营销[M].徐州:中国矿业大学出版社,2018.

[23]宋江龙.直播 造就网红星工场[M].北京:中国经济出版社,2018.

[24]宋江龙.直播 移动互联时代营销新玩法[M].北京:中国经济出版社,2018.

[25]倪涛.软文营销实战宝典:创意、方法、技巧与案例[M].北京:企业管理出版社,2018.

[26]黑马程序员.搜索引擎营销推广:SEO优化＋SEM竞价[M].北京:人民邮电出版社,2018.

[27]刘星.直播:引爆营销就这么简单[M].北京:中华工商联合出版社,2018.

[28]刘仕杰.软文营销:10万＋文案创意人的实战心法[M].武汉:华中科技大学出版社,2018.

[29]张文锋,董露.新媒体营销实务[M].北京:清华大学出版社,2018.

[30]周丽玲,刘明秀.新媒体营销[M].重庆:西南师范大学出版社,2018.

[31]林超.引爆流量[M].北京:中国宇航出版社,2017.

[32]蔡余杰,刘利.微信营销的实战策略[M].北京:中国纺织出版社,2017.

[33]管鹏,刘兴隆,李七喜.带你一起做直播[M].北京:当代世界出版社,2017.

[34]高长利,李伟东,郭春光.直播营销:互联网经济营销新思路[M].广州:广东经济出版社,2017.

[35]胡军等.直播:引爆关注就这么简单[M].北京:机械工业出版社,2017.

[36]黑马程序员.新媒体营销教程[M].北京:人民邮电出版社,2017.

［37］江礼坤.实战移动互联网营销［M］.北京:机械工业出版社,2016.

［38］刘小华,黄洪.互联网＋新媒体＋全方位解读新媒体运营模式［M］.北京:中国经济出版社,2016.

［39］Lutz Finger,Soumitra Dutta.社交媒体大数据分析［M］.北京:中国工信出版集团,人民邮电出版社,2016.

［40］〔美〕科特勒,〔美〕凯勒.营销管理(第15版)［M］.上海:格致出版社;上海人民出版社,2016.

［41］刘芳.突围与再选择:新形势下新媒体发展与广播媒体融合研究［M］.北京:中国广播影视出版社,2016

［42］林潺.整合的力量:从微营销到微体系［M］.北京:机械工业出版社,2016.

［43］刘小华,黄洪.互联网＋新媒体:全方位解读新媒体运营模式［M］.北京:中国经济出版社,2016.

［44］恒盛杰资讯.微信营销——数据化精准运营［M］.北京:文化发展出版社,2016.

［45］谭贤.全微时代:微营销实战攻略［M］.北京:中国铁道出版社,2015.

［46］周慧敏.一句话打动消费者:软文营销实战写作与案例分析［M］.北京:中国铁道出版社,2015.

［47］刘行芳.新媒体概论［M］.北京:中国传媒大学出版社,2015.

［48］肖凭,文艳霞,等.新媒体营销［M］.北京:北京大学出版社,2014.

［49］百度营销研究院.百度推广:搜索营销新视角［M］.北京:电子工业出版社,2013.

［50］郑昕.互联网思维模式下的新媒体营销策略探索［J］.中小企业管理与科技(中旬刊),2021(06):136-137.

［51］邓世文.基于互联网背景的企业新媒体营销策略探讨［J］.企业改革与管理,2021(11):107-108.

［52］陈麒.紧跟热点和客户关切 创新新媒体营销方式［N］.中国城乡金融报,2021-05-12(A03).

［53］段俊.新媒体营销运行模式整合与研究［J］.营销界,2021(18):11-12.

［54］赵一菲.新媒体营销的分析与探究［J］.营销界,2021(17):98-99.

[55]朱晓磊.新媒体时代网络营销传播模式及创新分析[J].商场现代化,2021(07):51-53.

[56]徐亚丽.新媒体引发的营销变革[J].营销界,2021(15):9.

[57]张冬晔,白天明,邢剑飞.整合发力提升新媒体营销效率[N].中国出版传媒商报,2021-01-29(012).

[58]曲金玲,朱艳艳.新媒体时代中小企业营销整合策略[J].商场现代化,2020(23):35-37.

[59]易倩茜,张铷钫.浅析微博营销对消费者购买行为的影响[J].现代营销(经营版),2020(12):144-145.

[60]吕珂.新媒体环境下市场营销的有效策略探析[J].中国传媒科技,2017(12):124-125.

[61]孙熠.新媒体时代品牌营销的传播策略[J].新媒体研究,2017(3):63-64.

[62]王俊文.新媒体时代企业市场营销策略研究[J].现代营销(下旬刊),2016(2):50-51.

[63]夏青.基于微信公众账号的企业品牌形象传播策略[J].当代经济,2015(16):94-96.

[64]孟秀燕.论新媒体时代下企业营销方式的转变[J].市场周刊,2014(1):61-63.(04):47-51

[65]肖润松.新媒体时代的微信营销策略研究[J].商业时代,2014(23):102-104.